Robots

para colorear libro para niños

Young Scholar

Young Scholar
An imprint of Ciparum LLC

Robots para colorear libro para niños
© 2017 Ciparum LLC
All rights reserved.
ISBN-10:1-63589-290-2
ISBN-13:978-1-63589-290-1

www.youngscholar.co

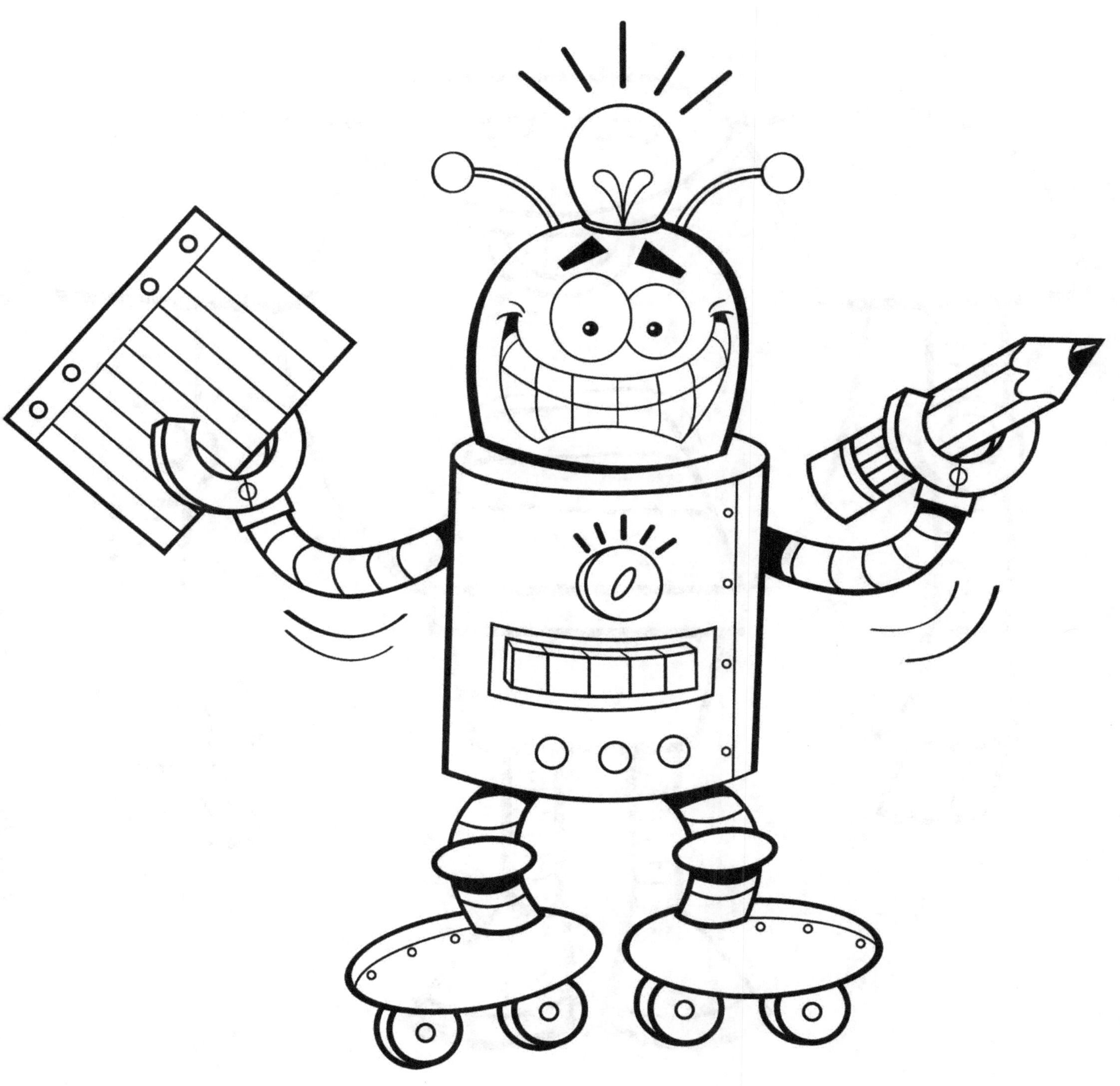

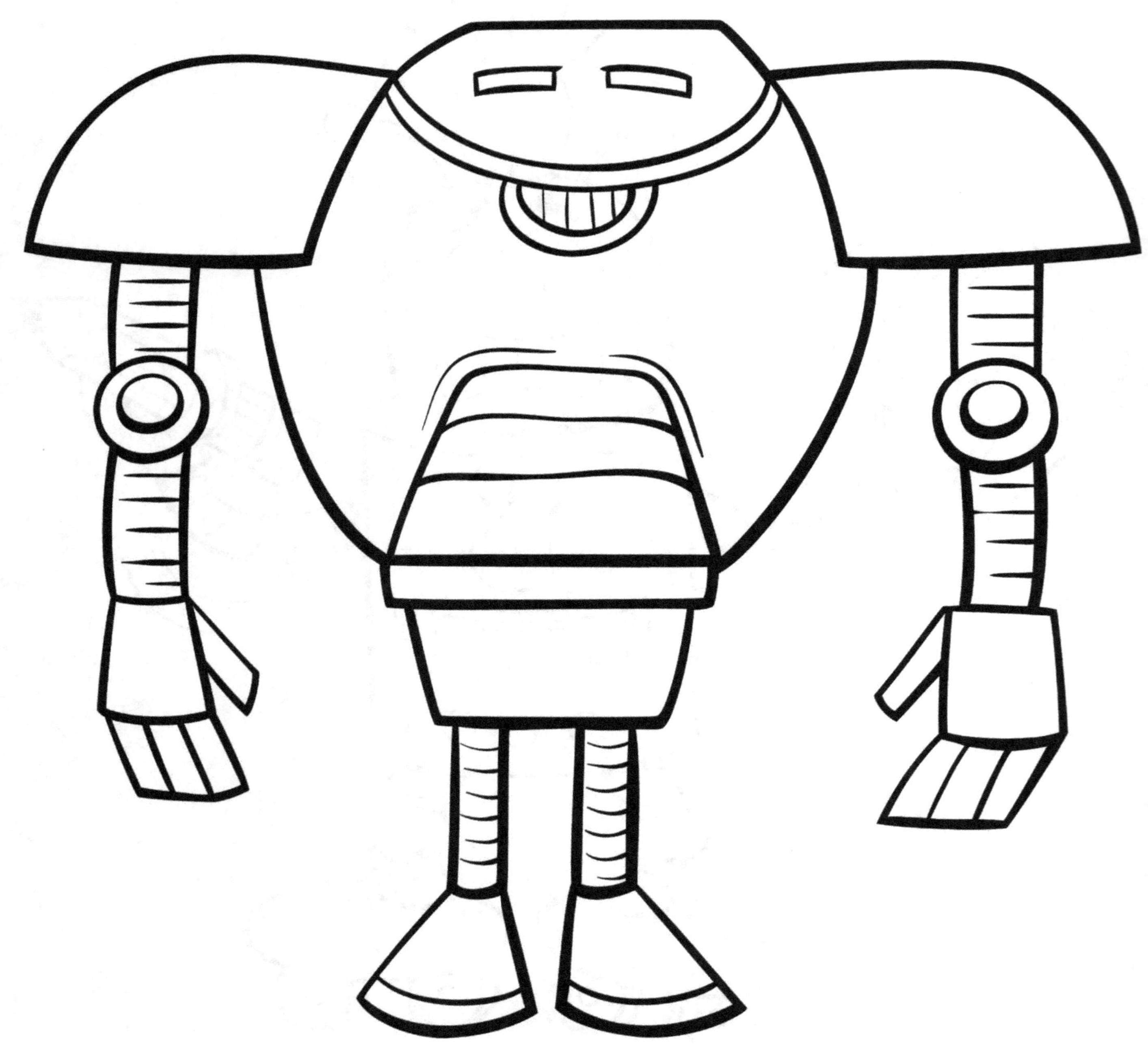

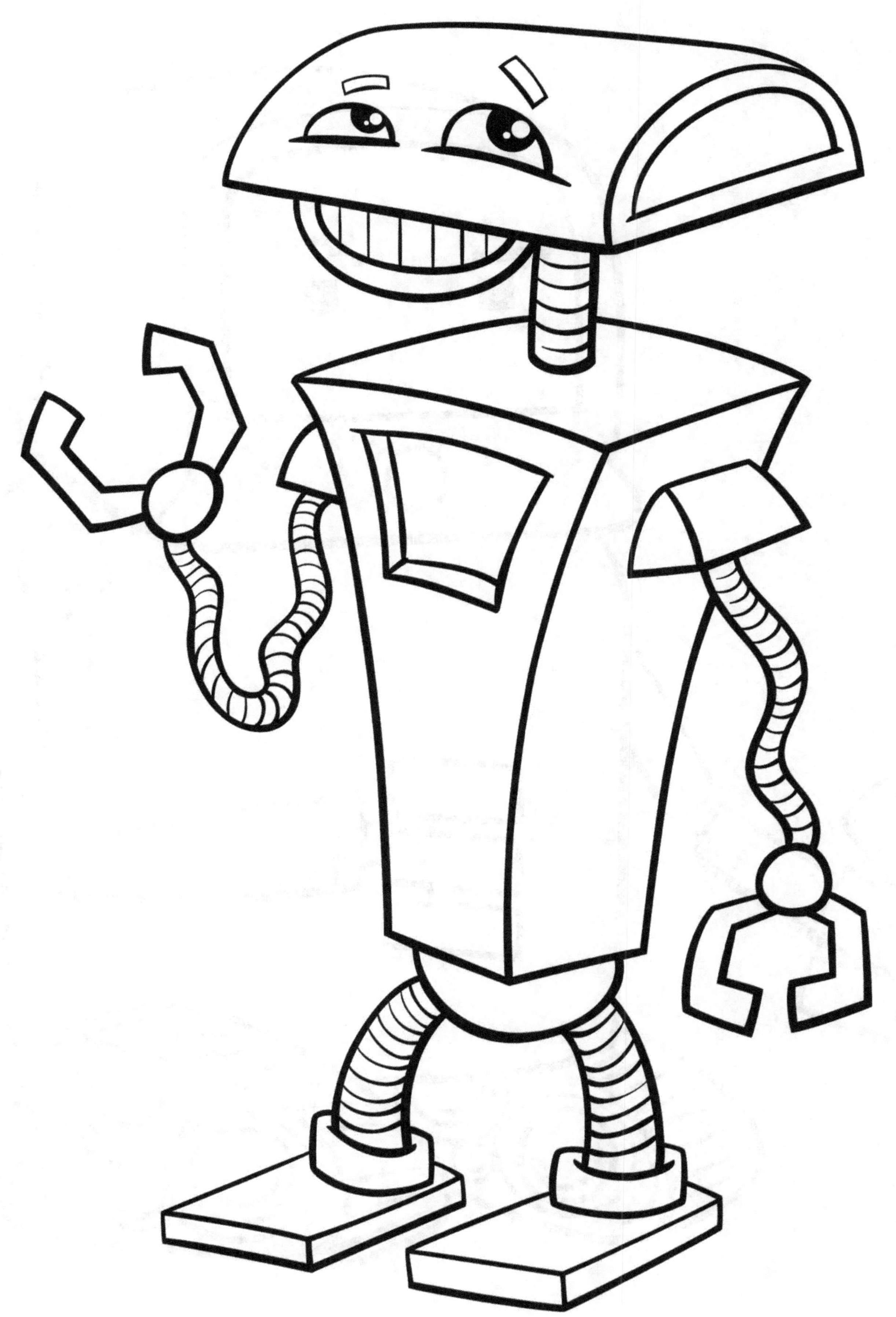

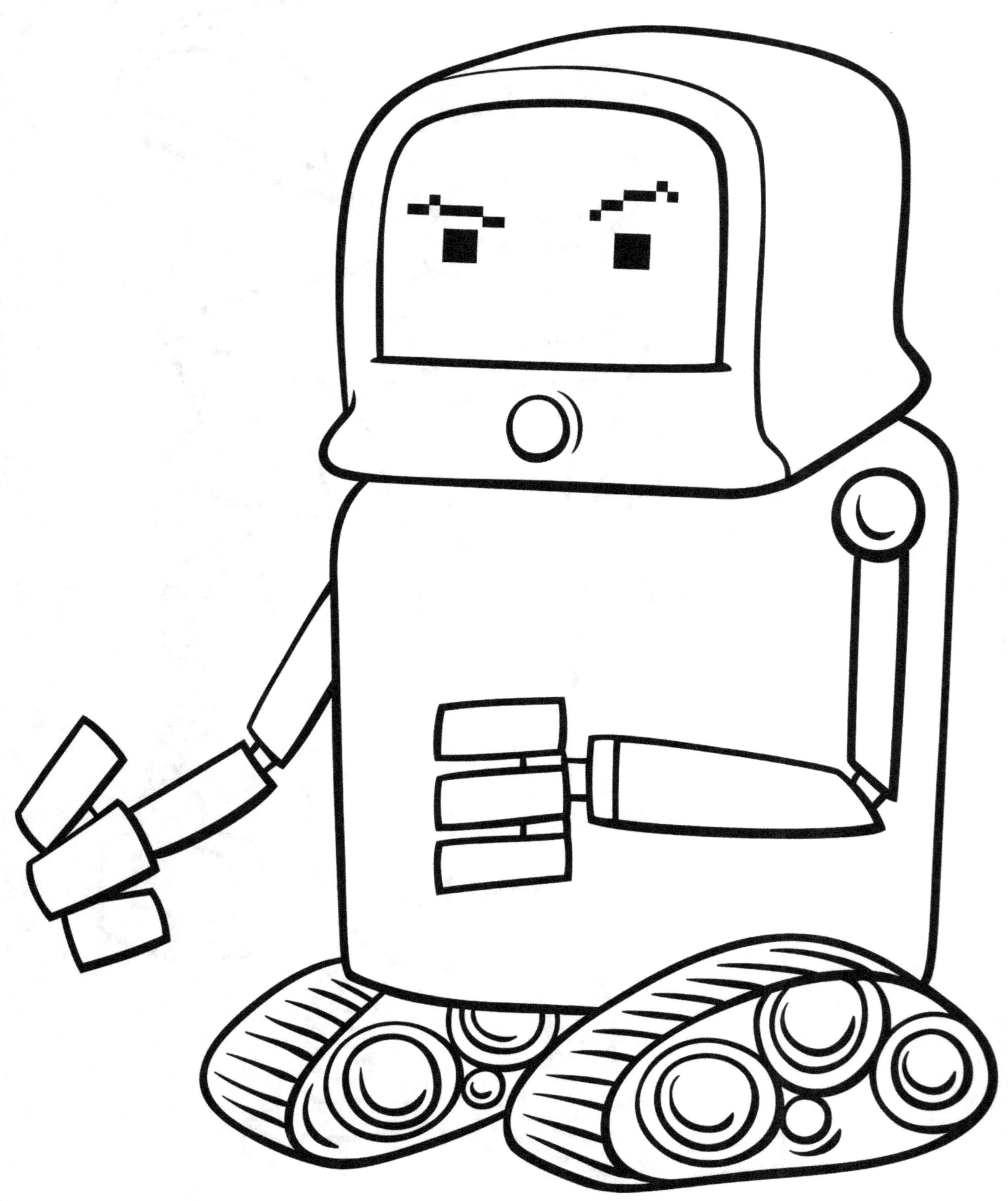

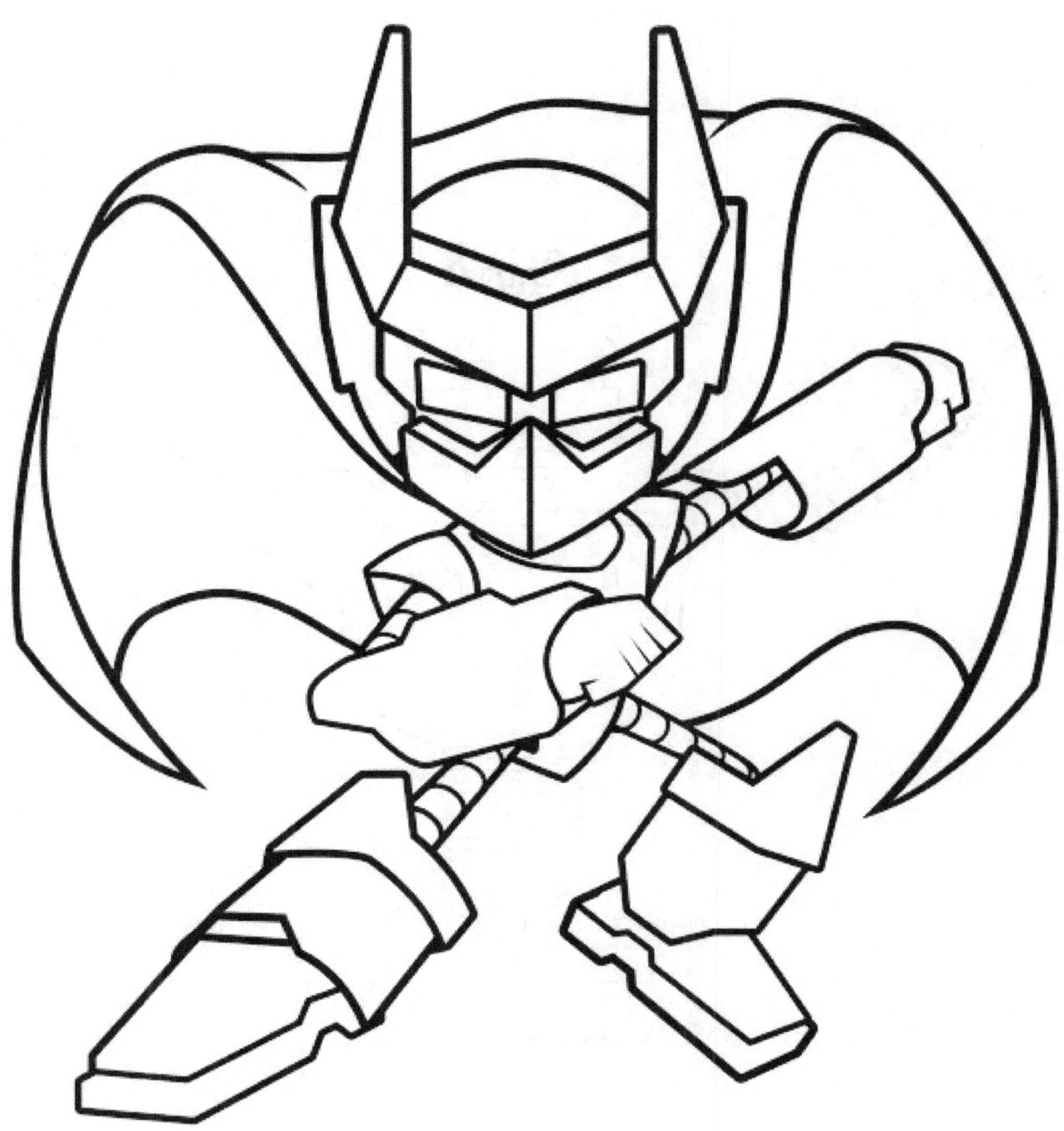

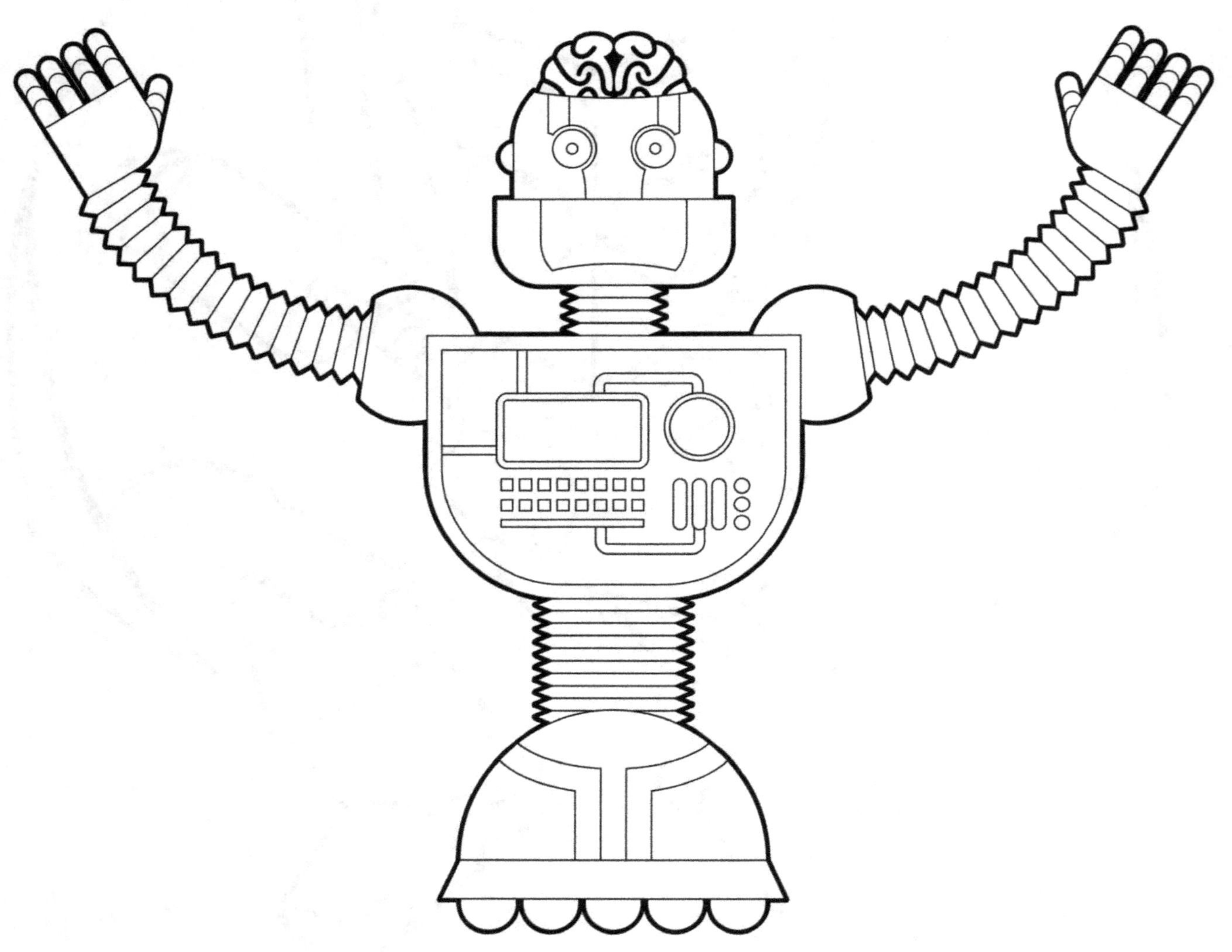

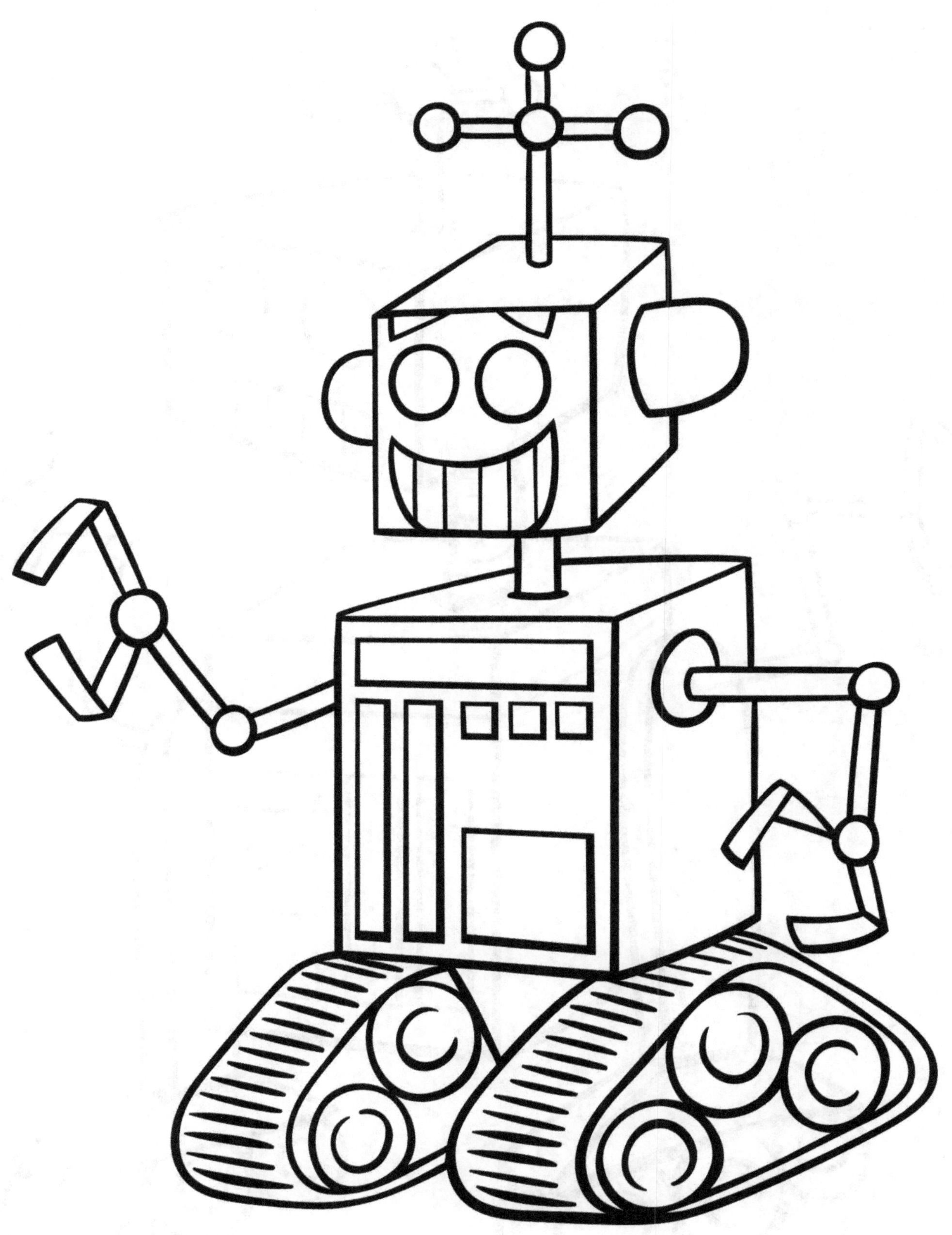

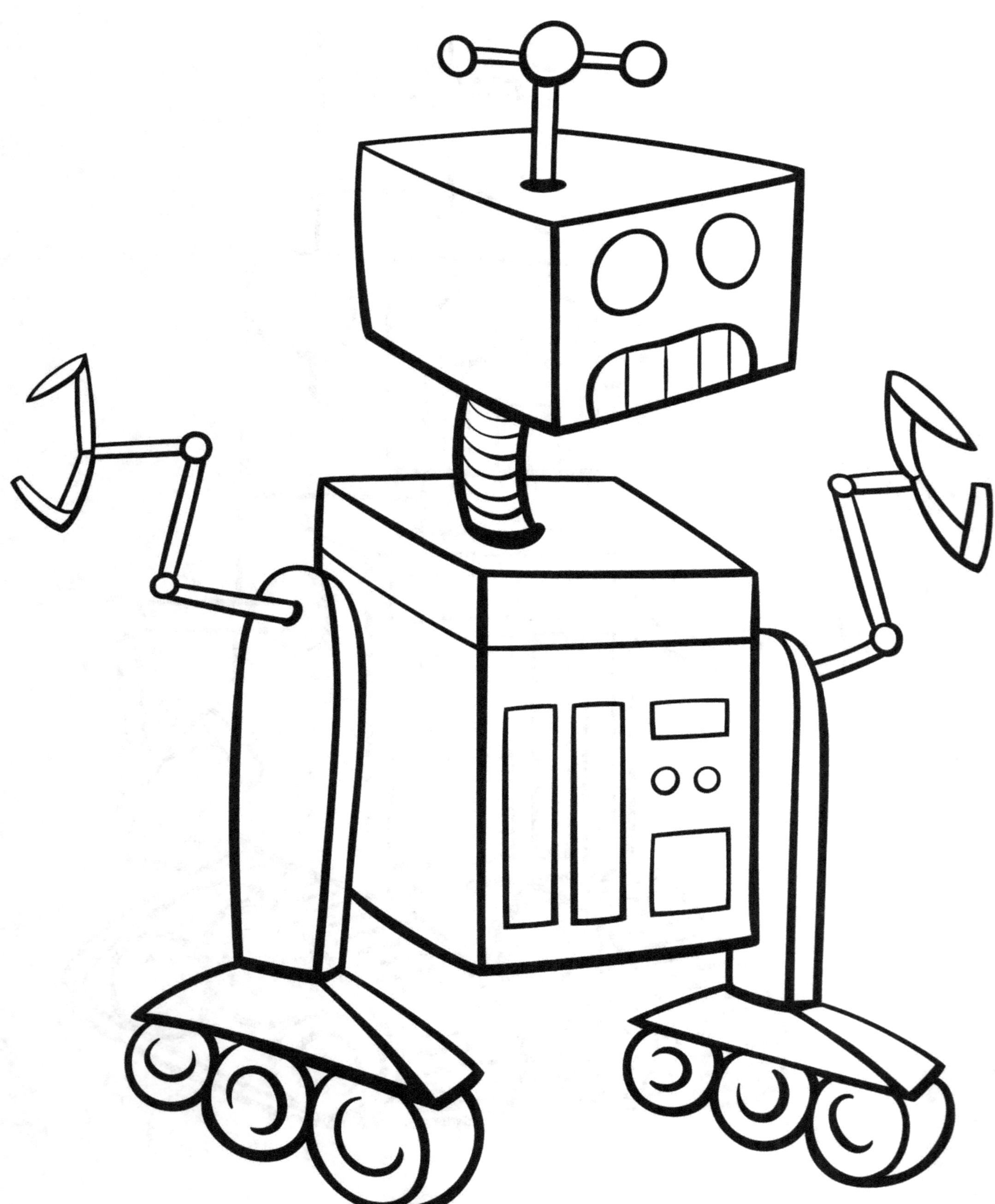

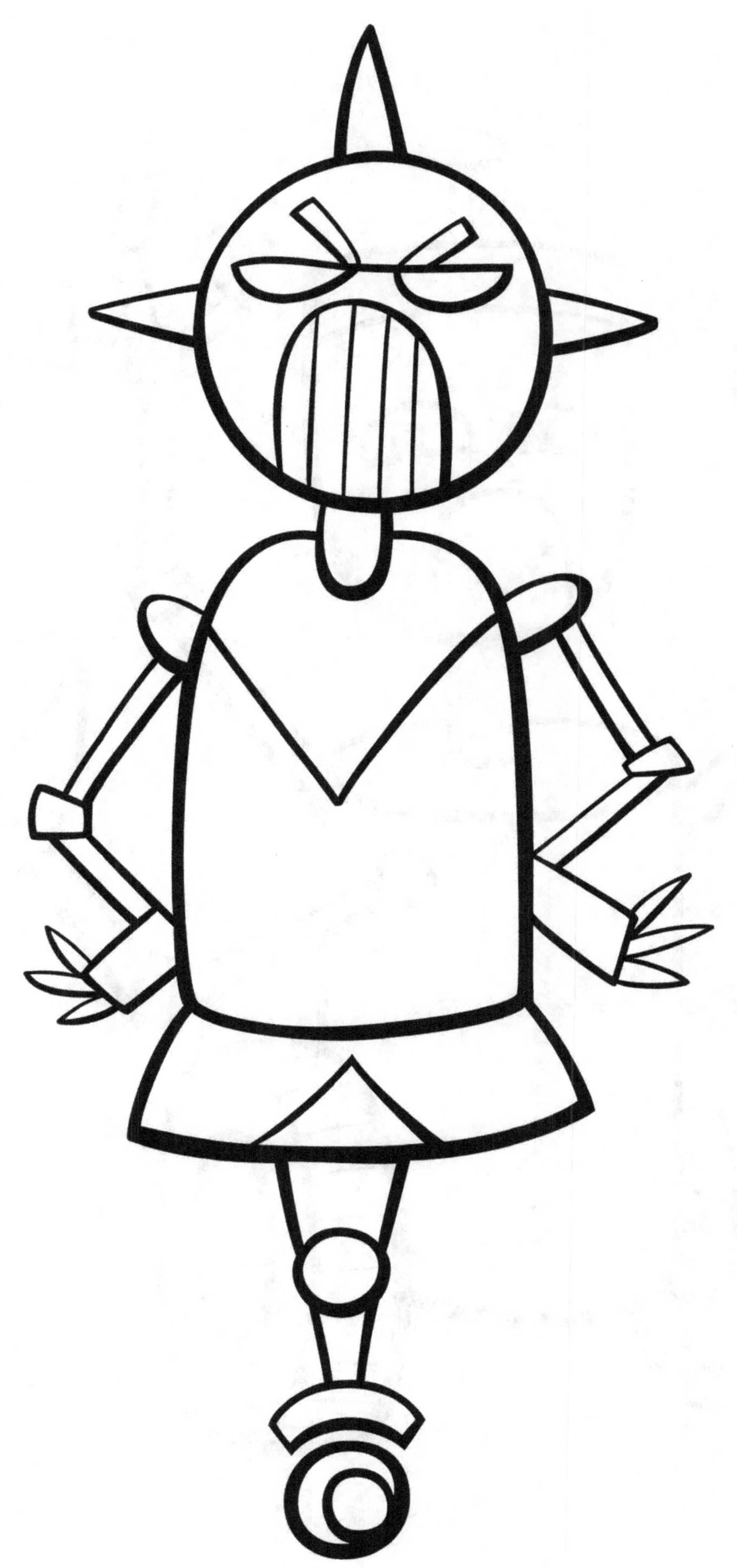

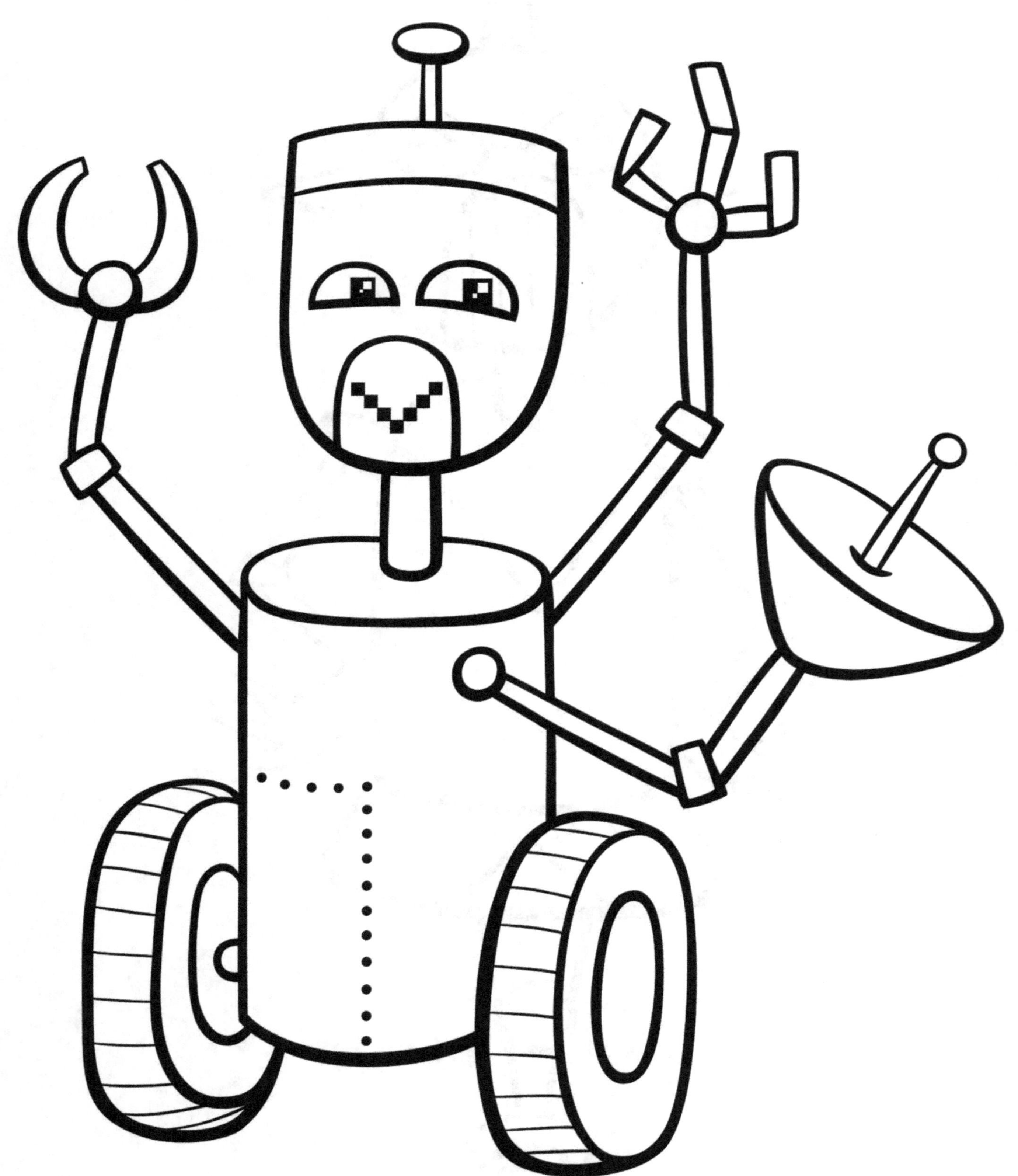

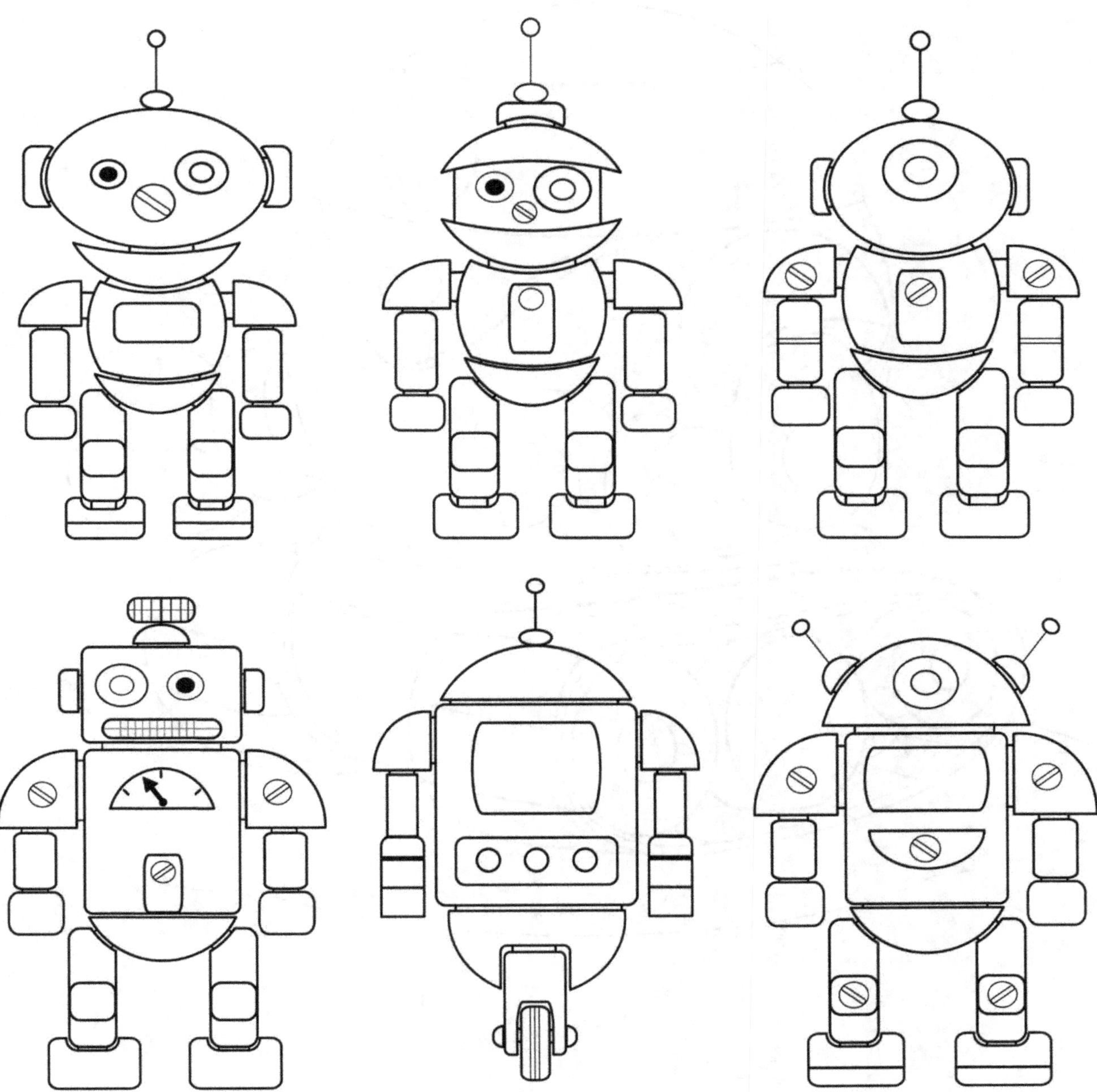

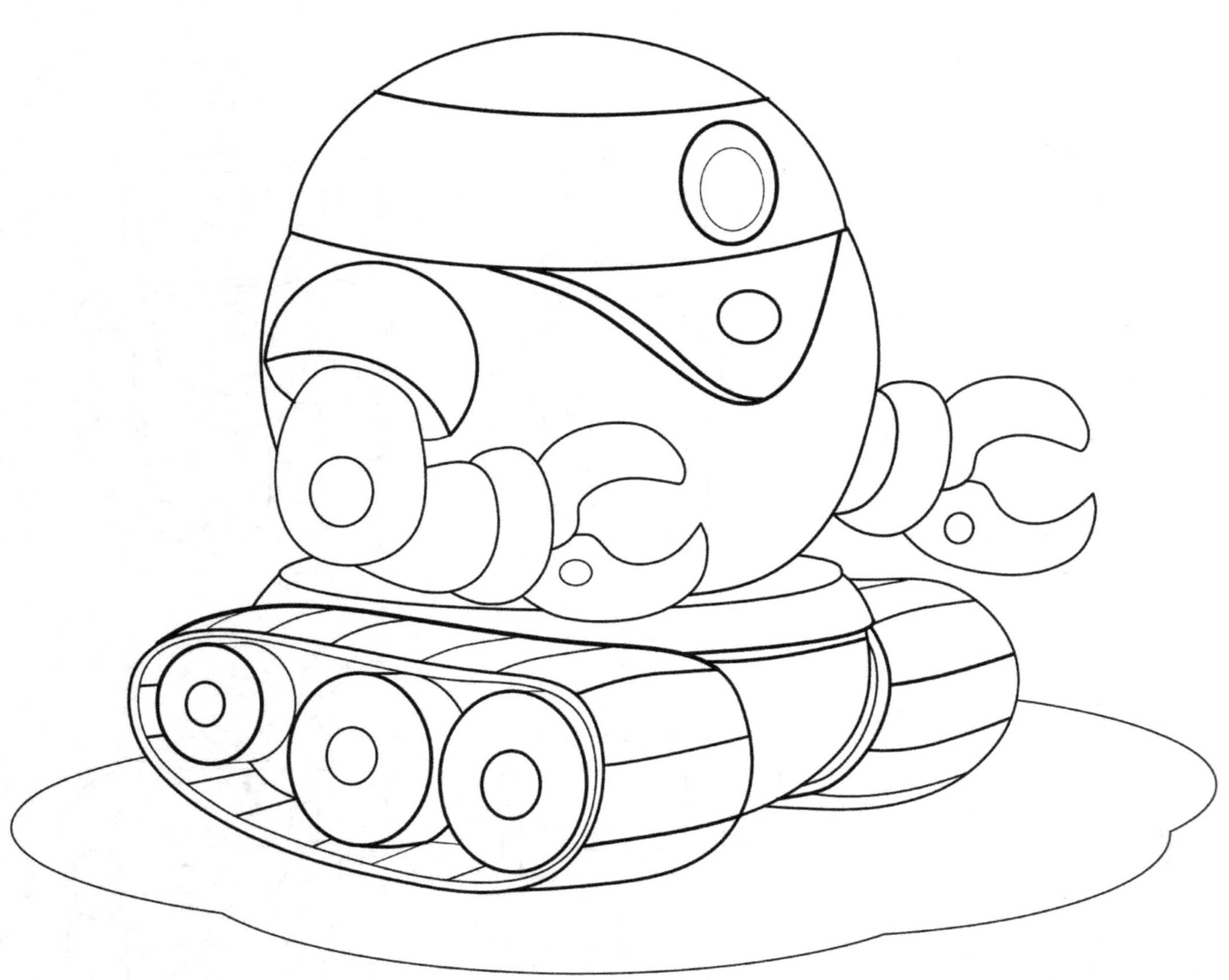

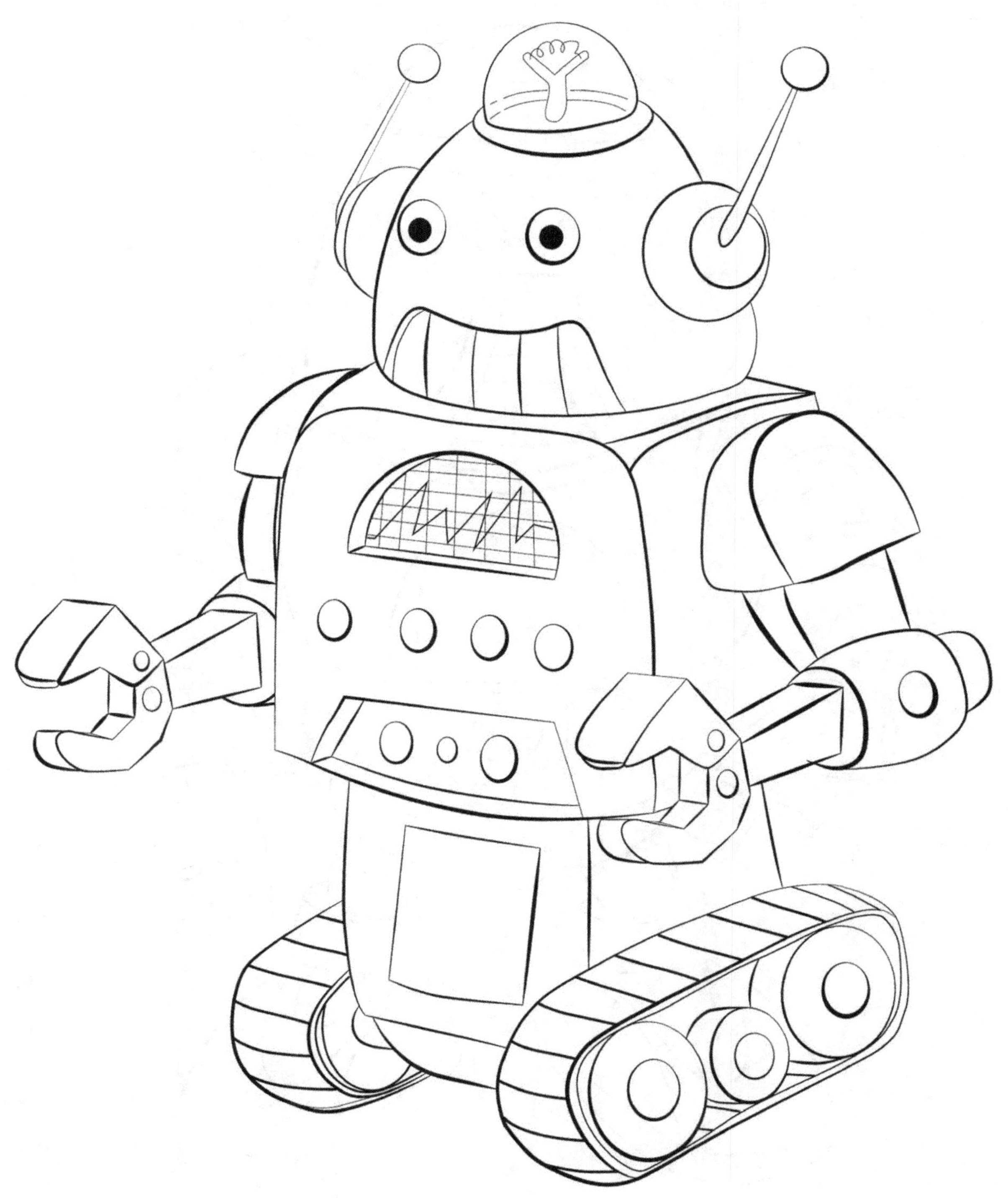

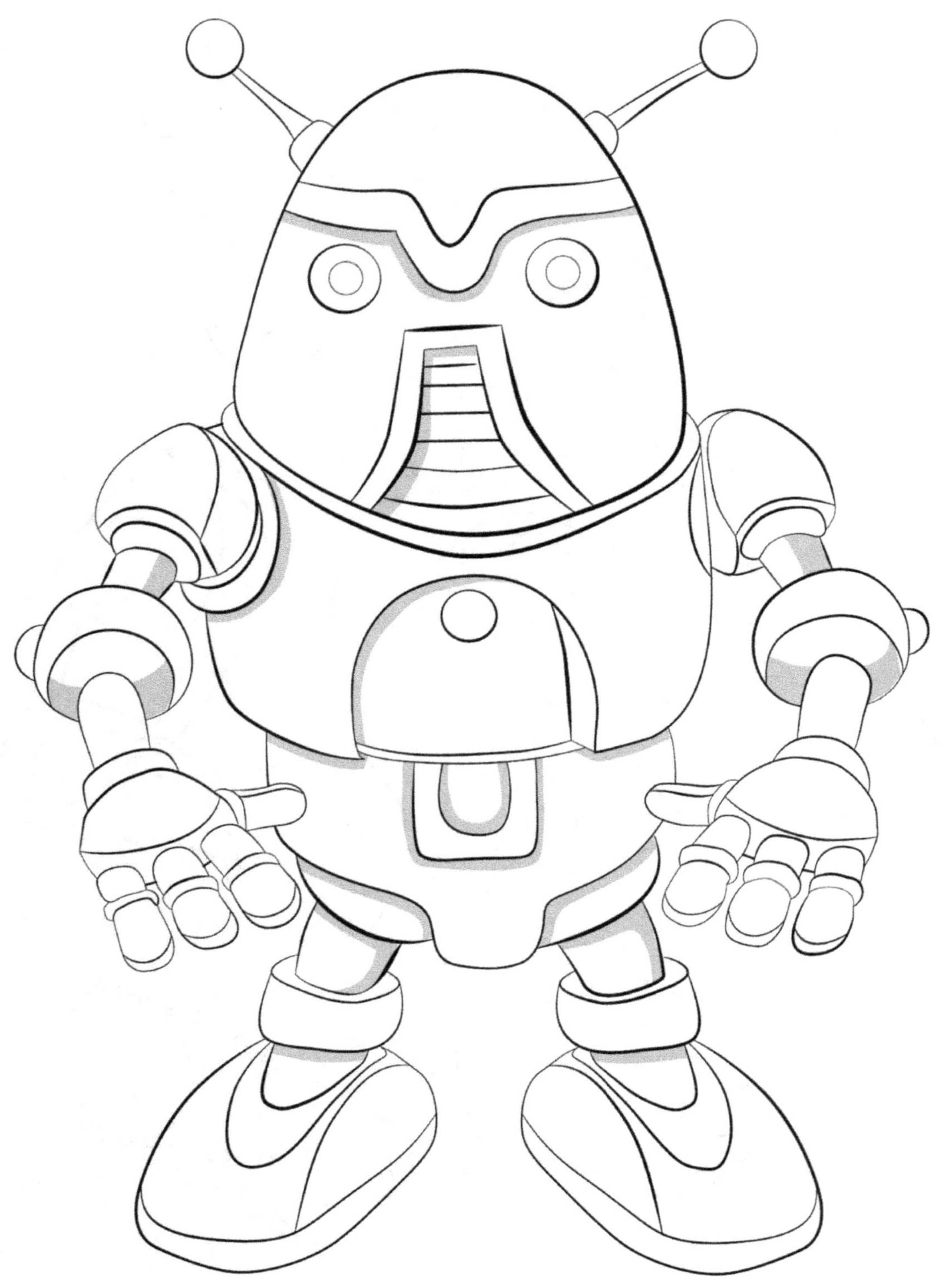

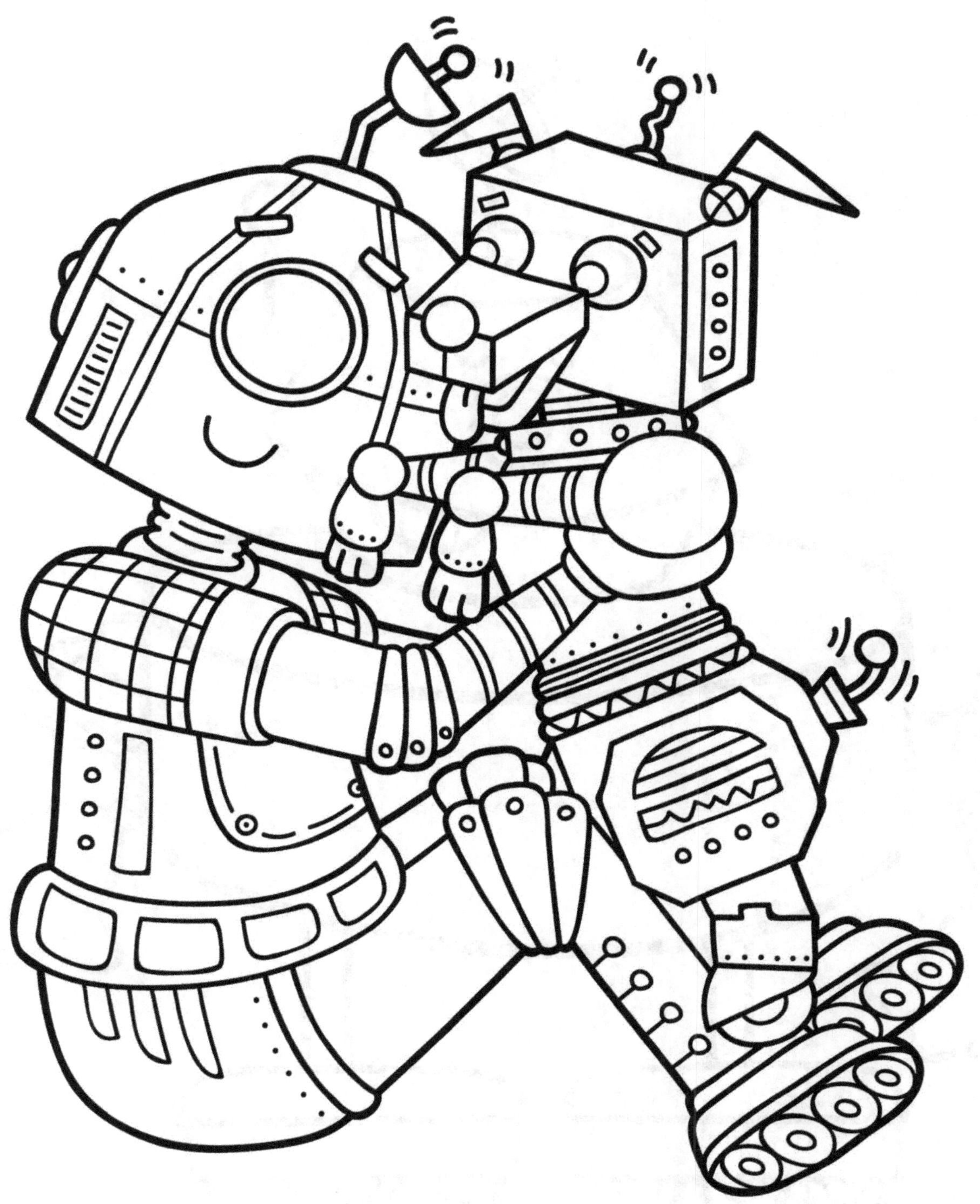

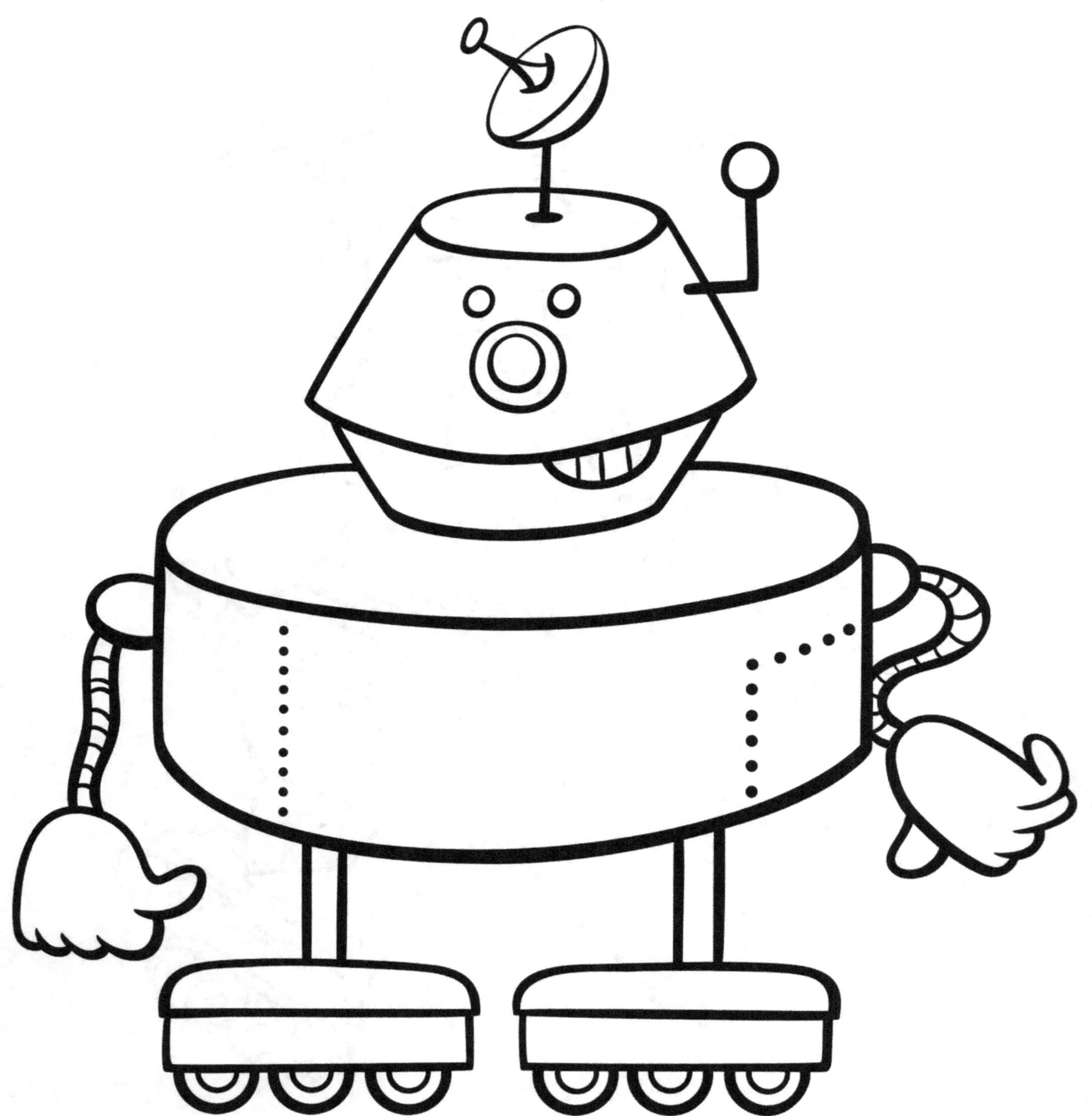

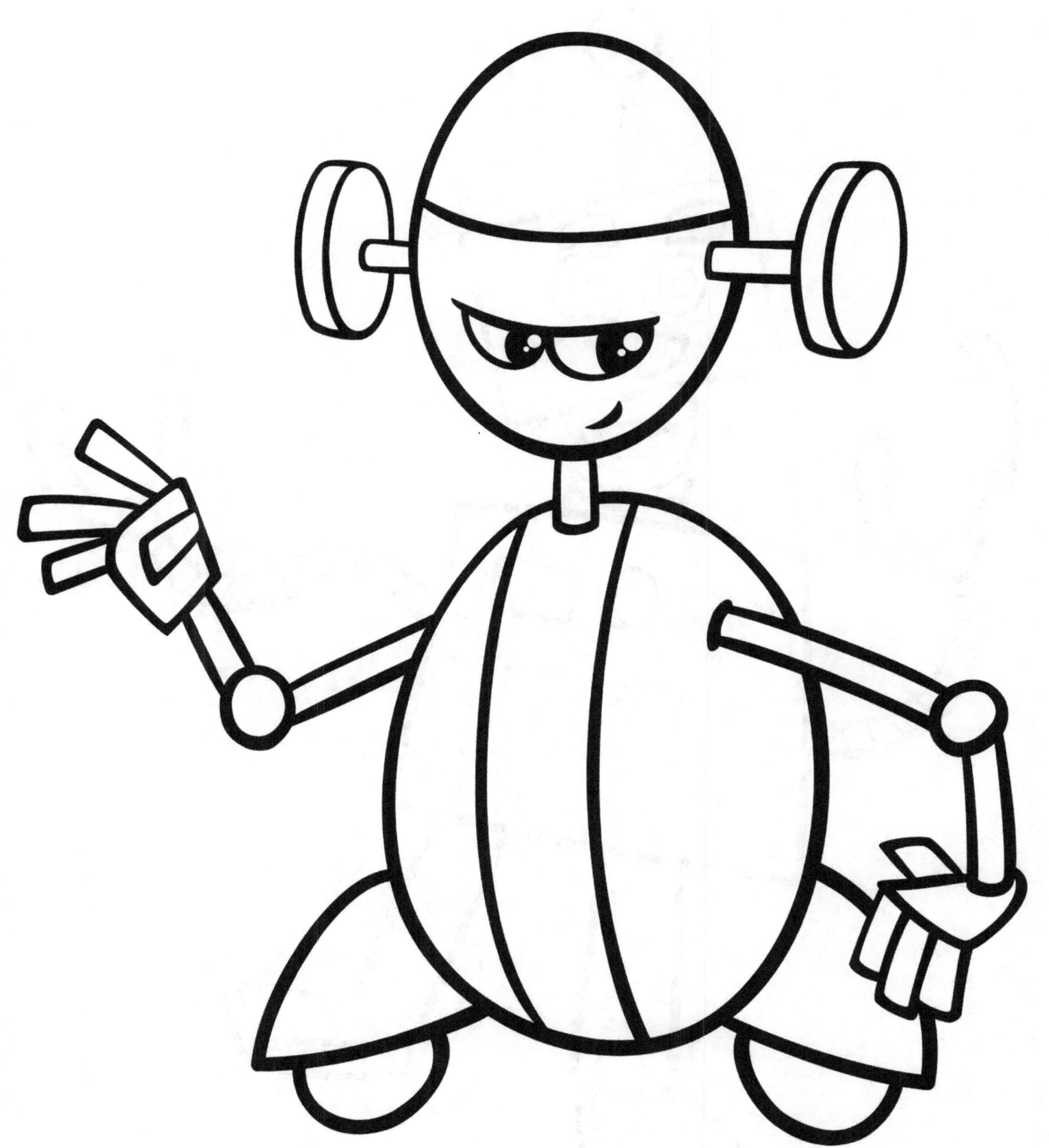

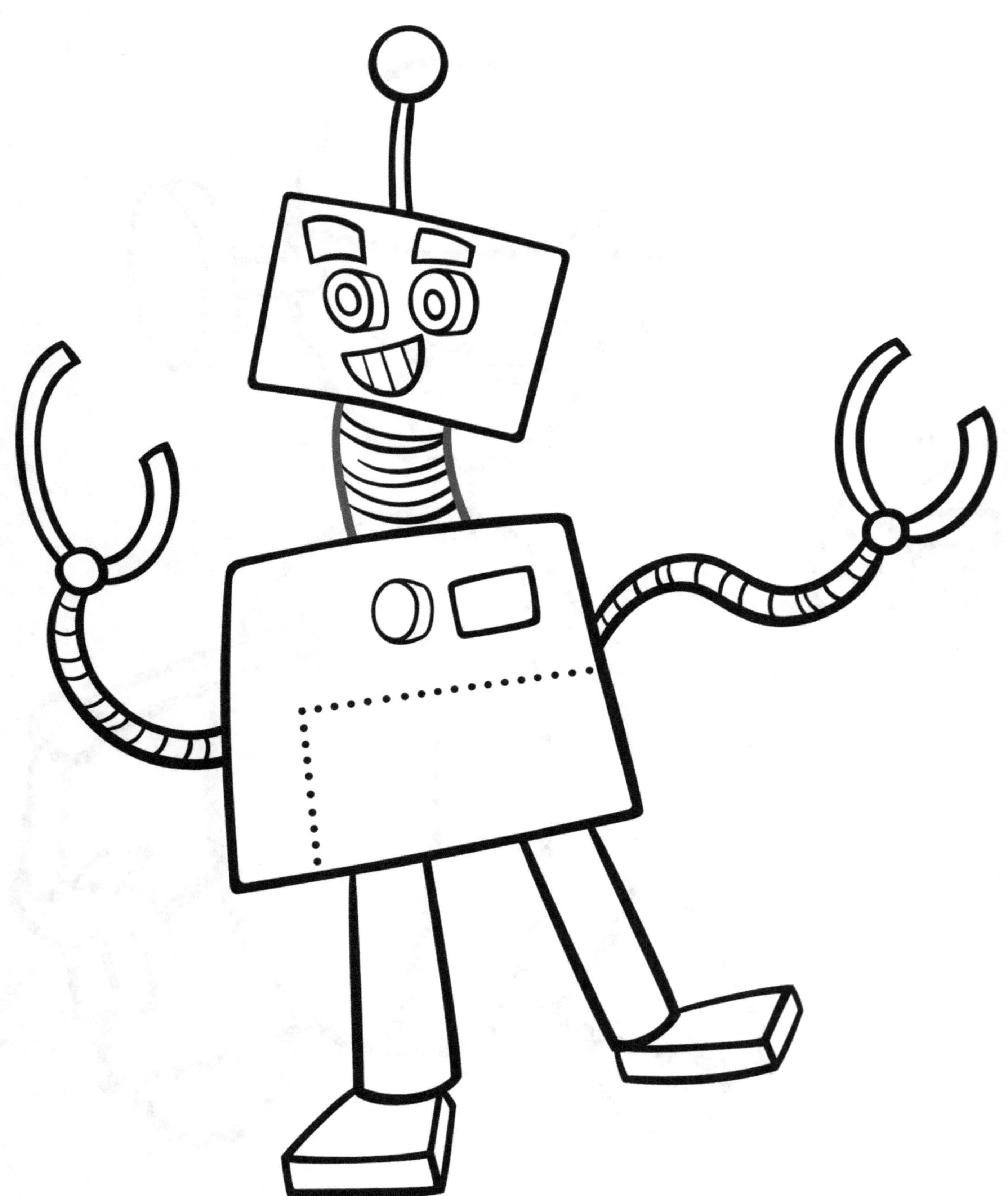

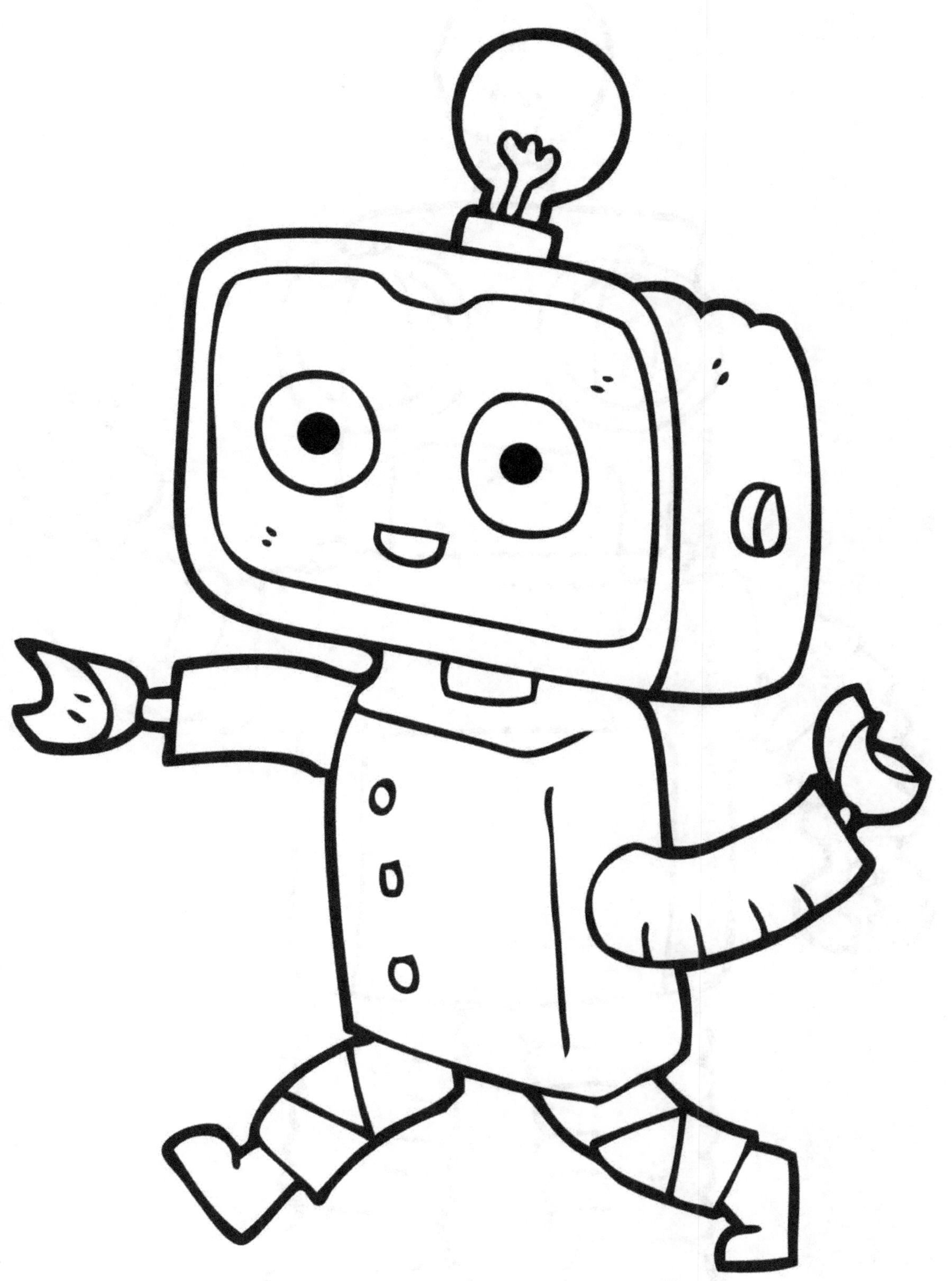

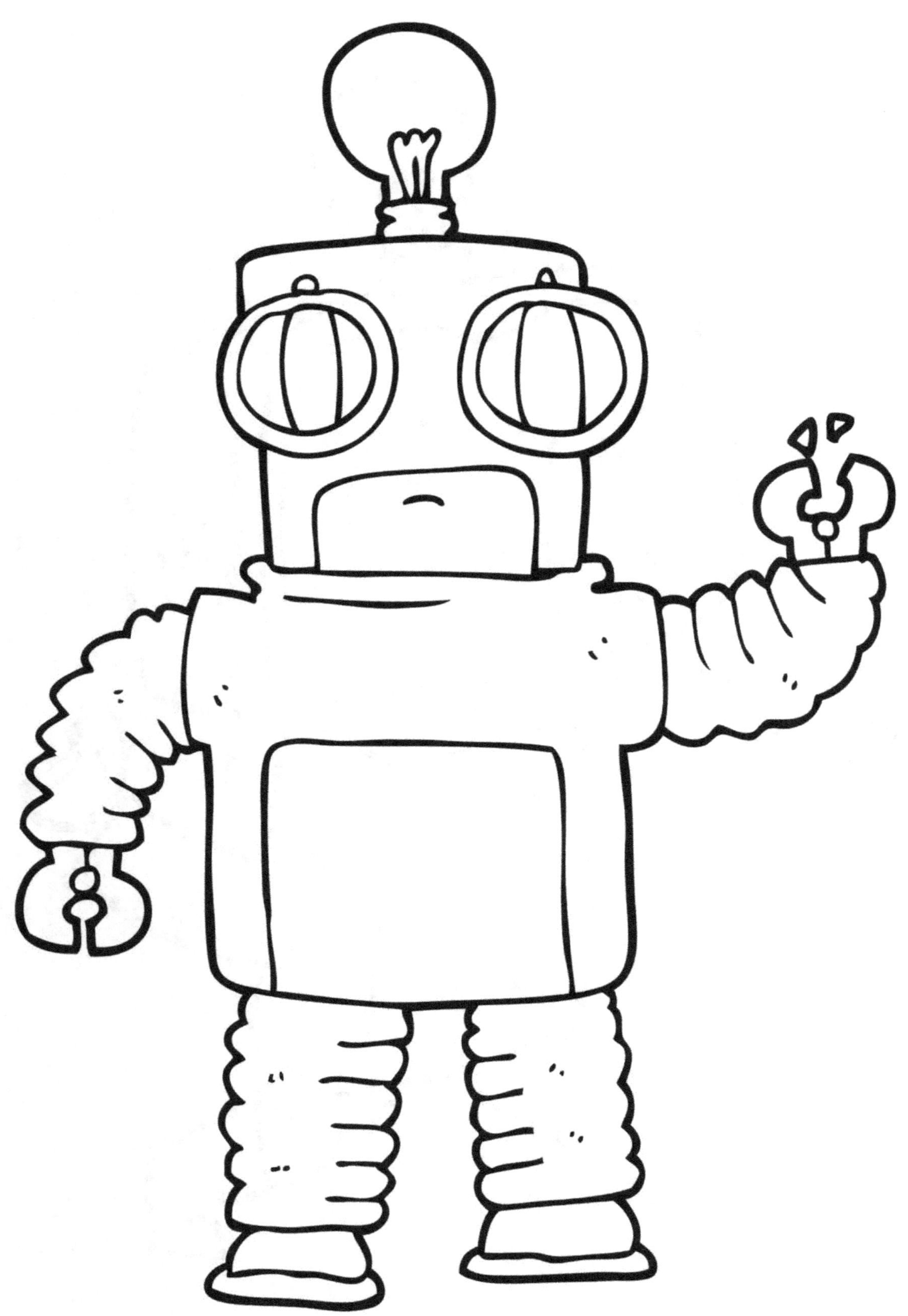

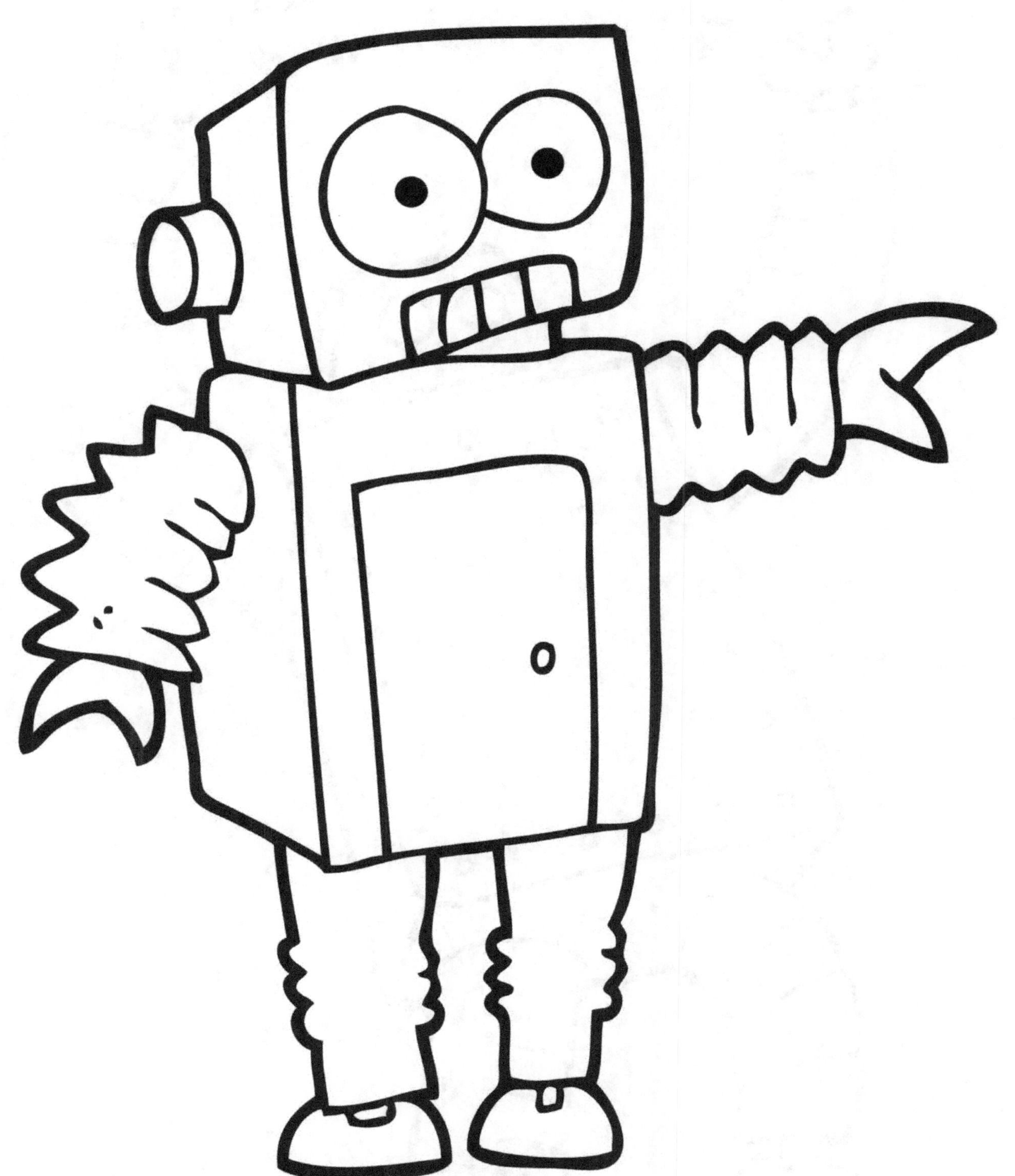

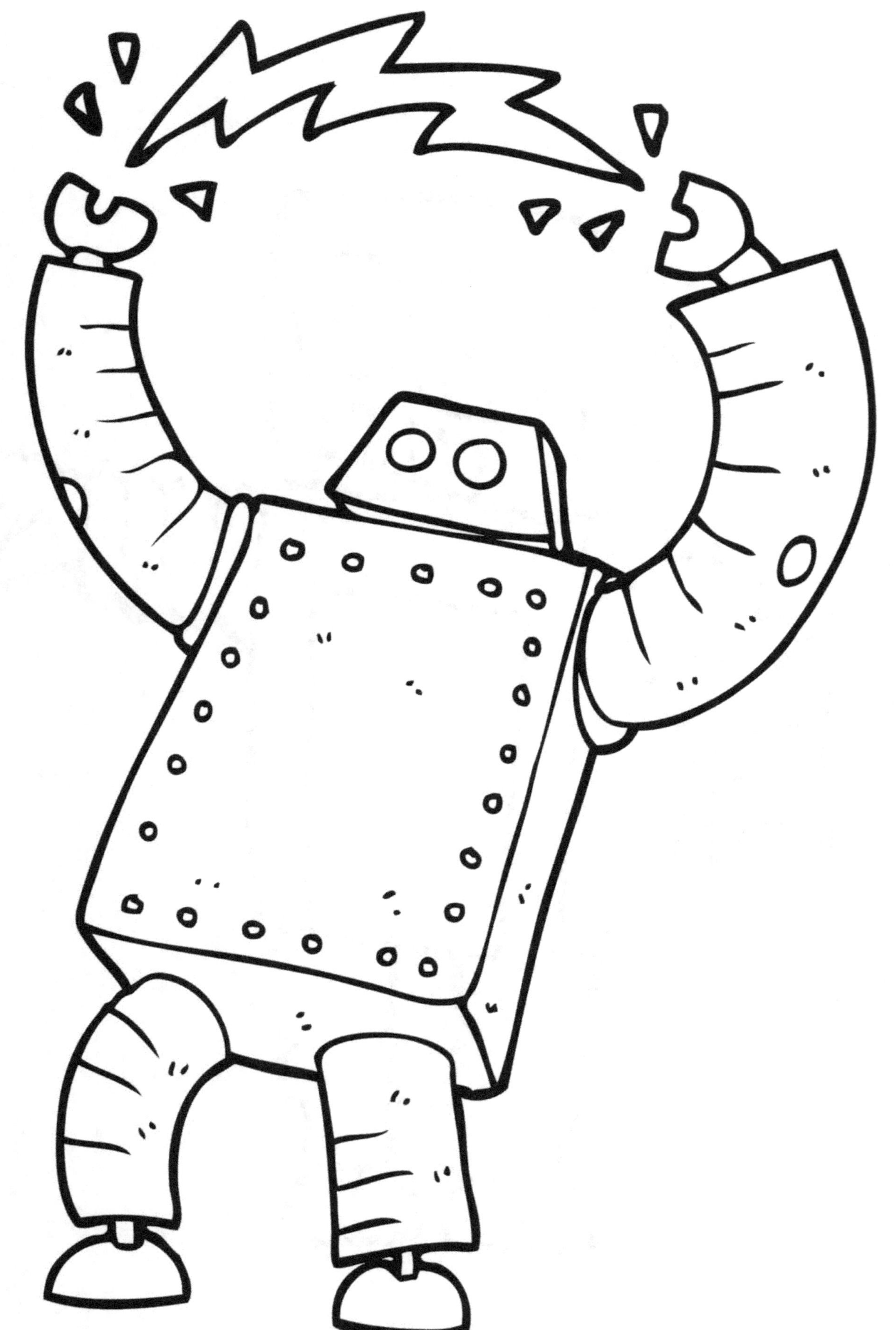

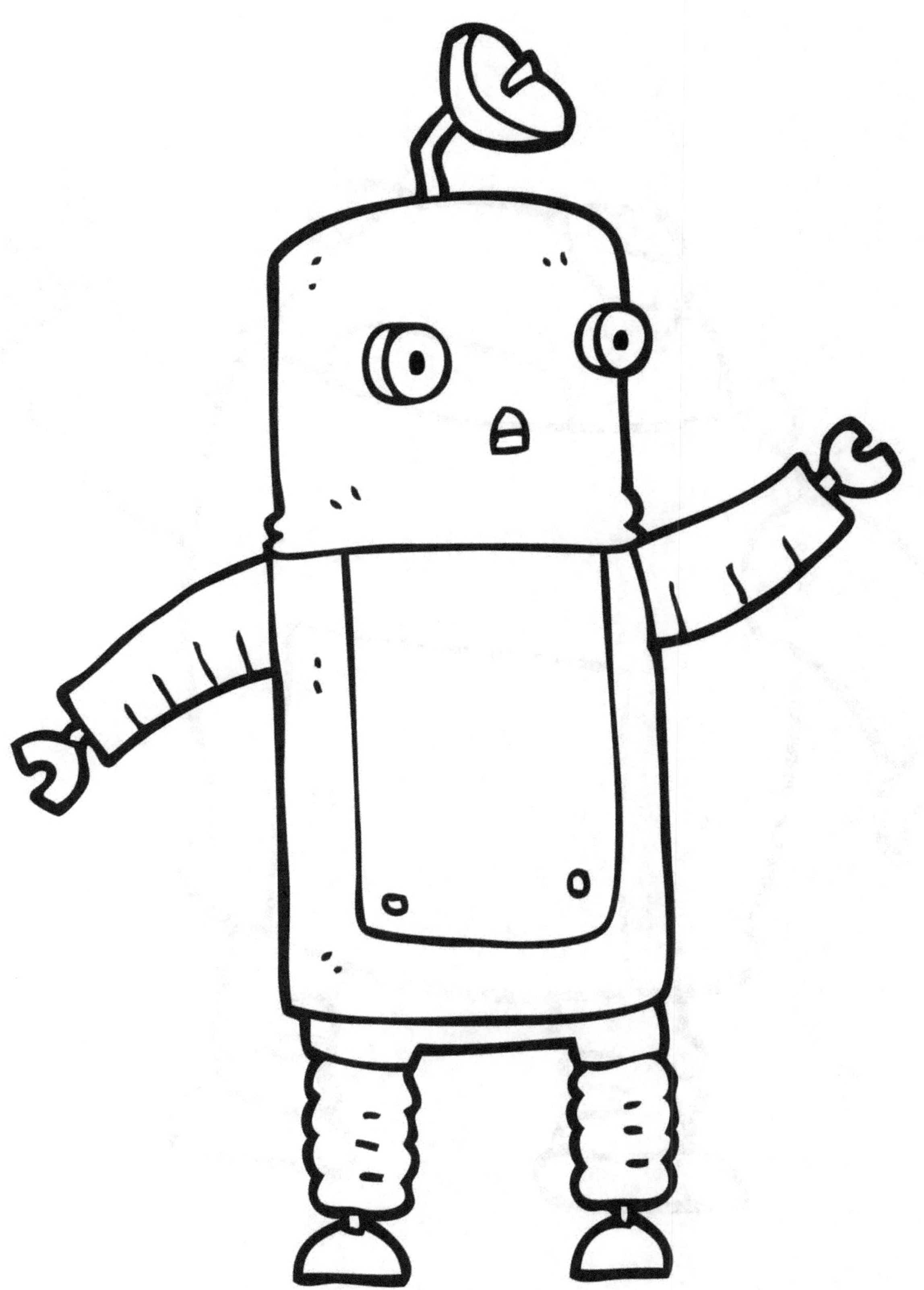

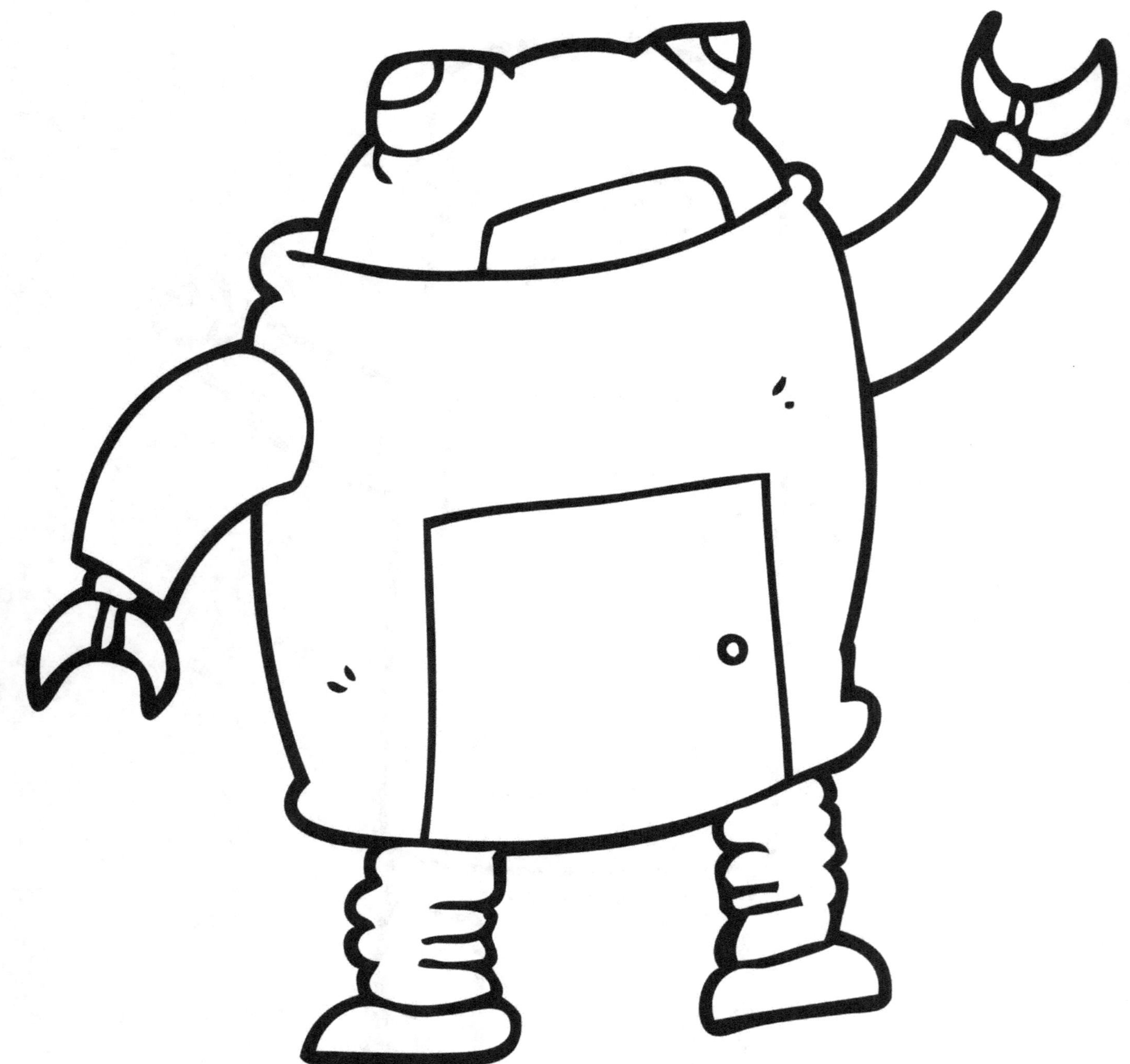

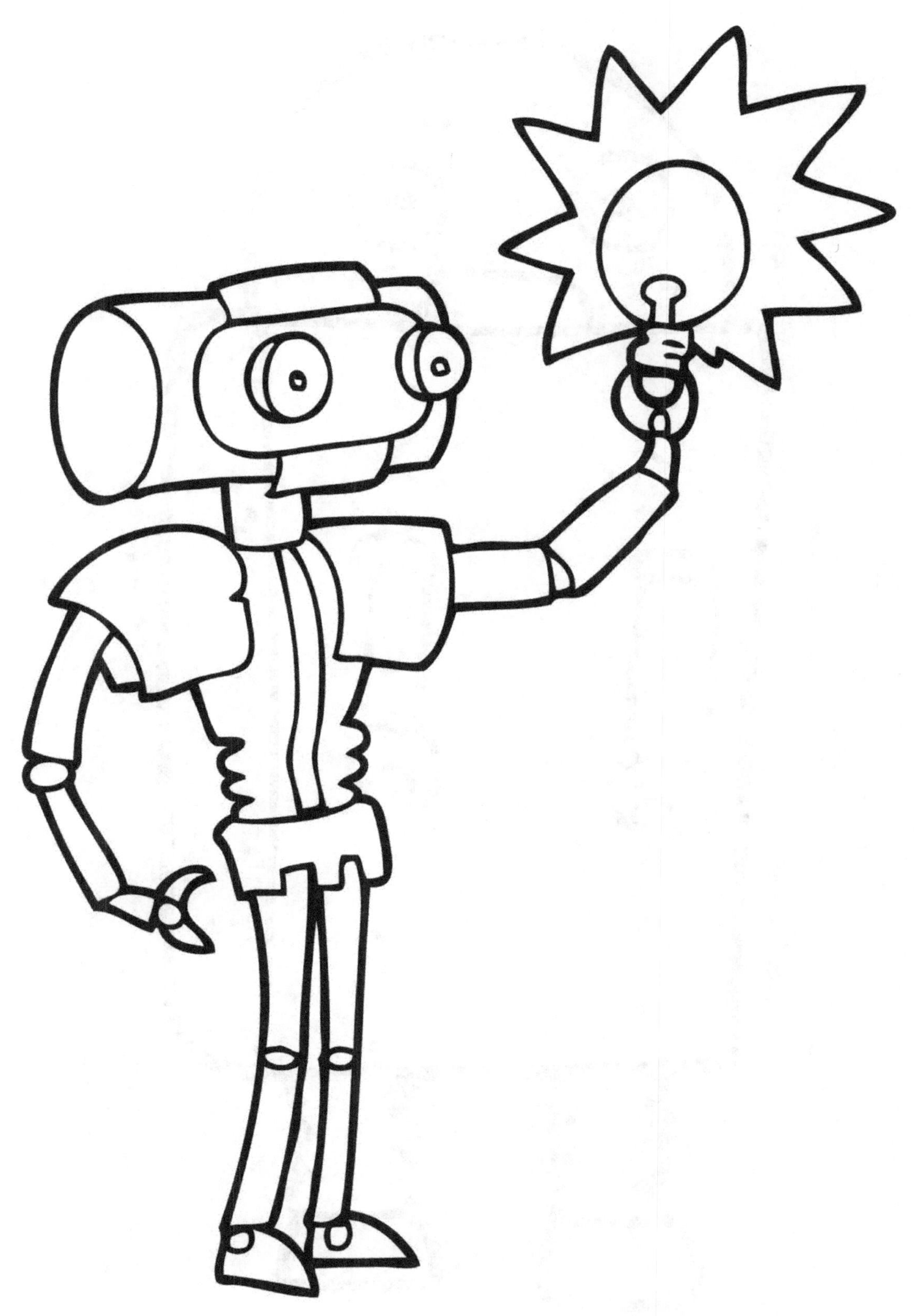

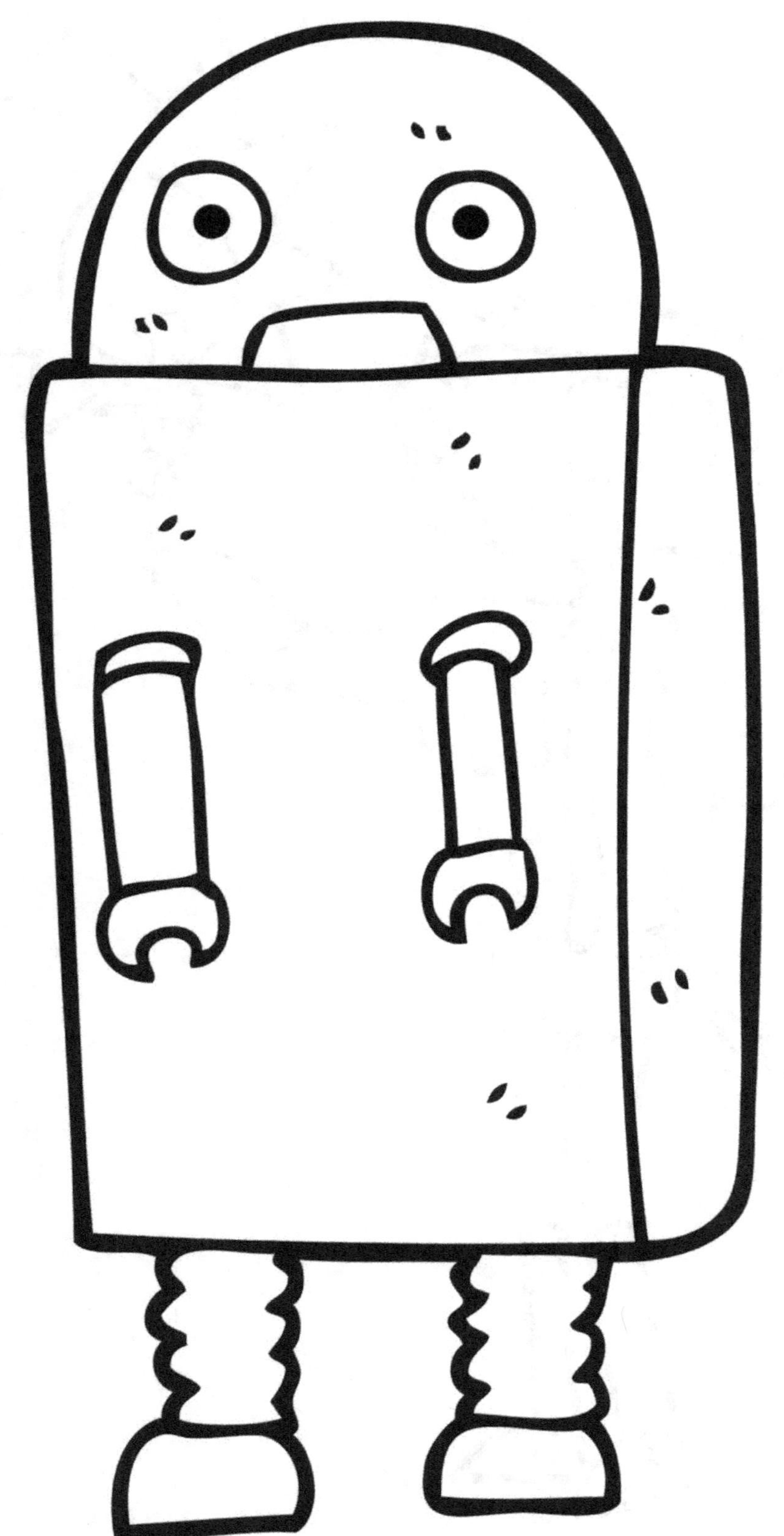

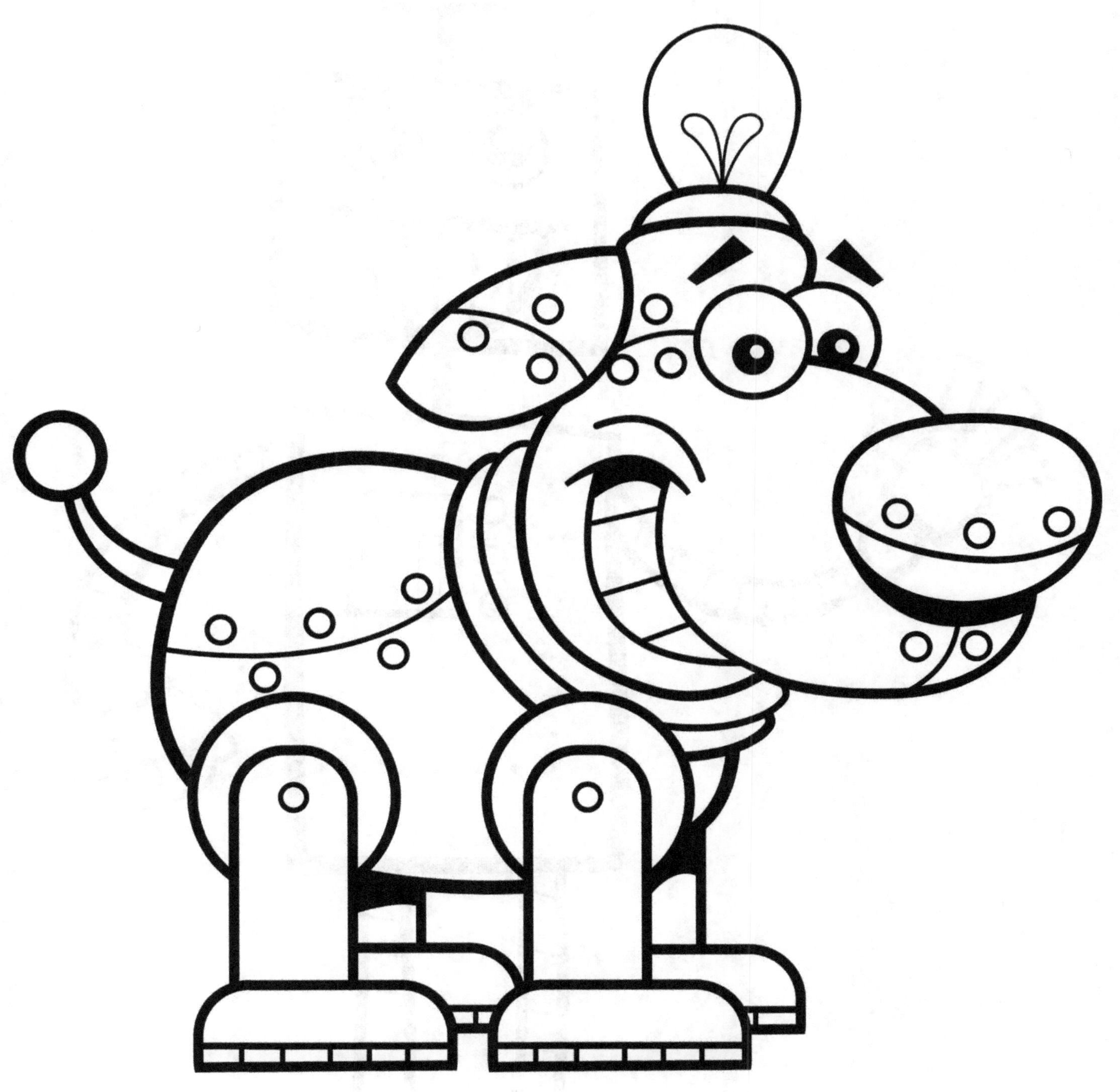

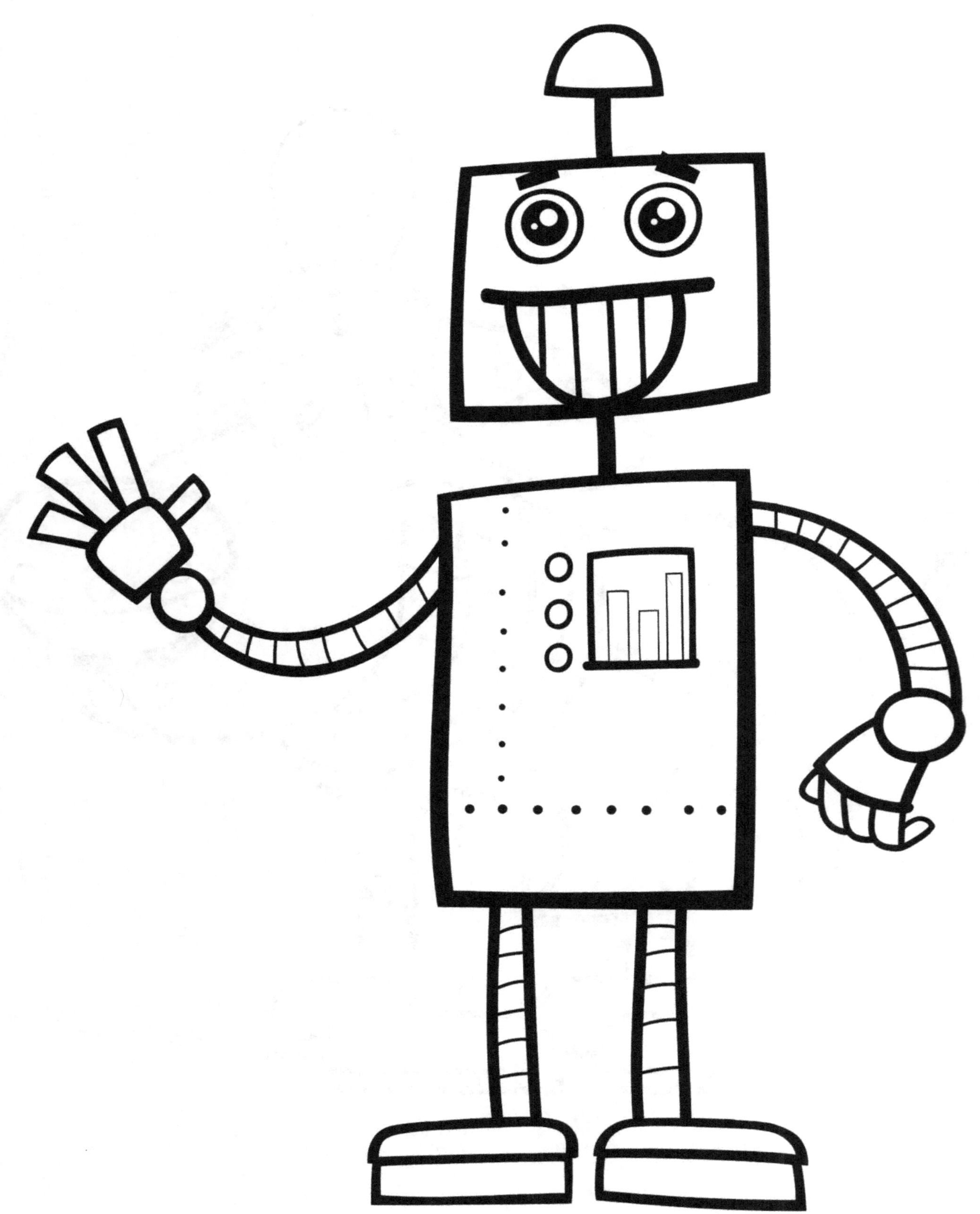

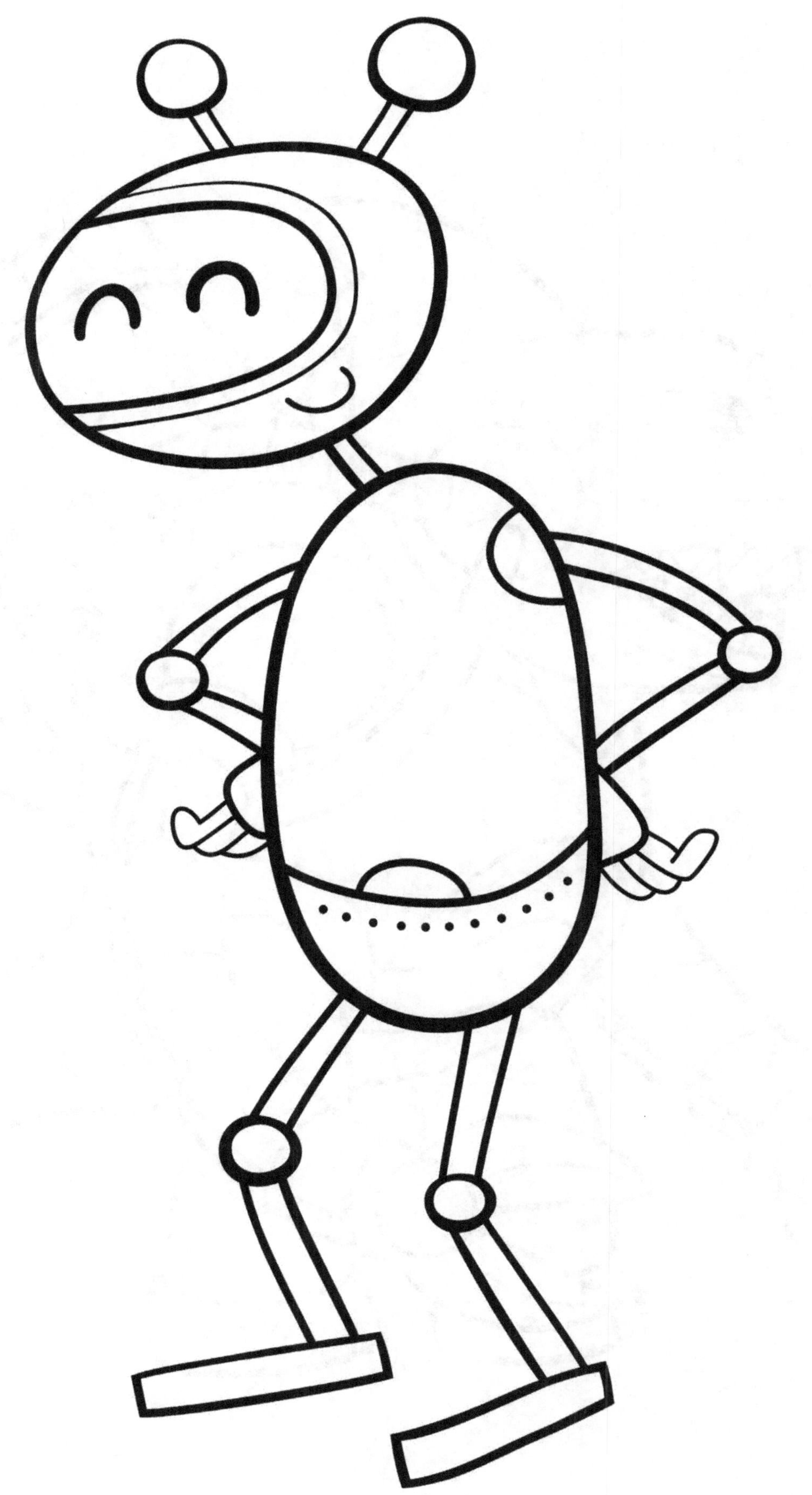

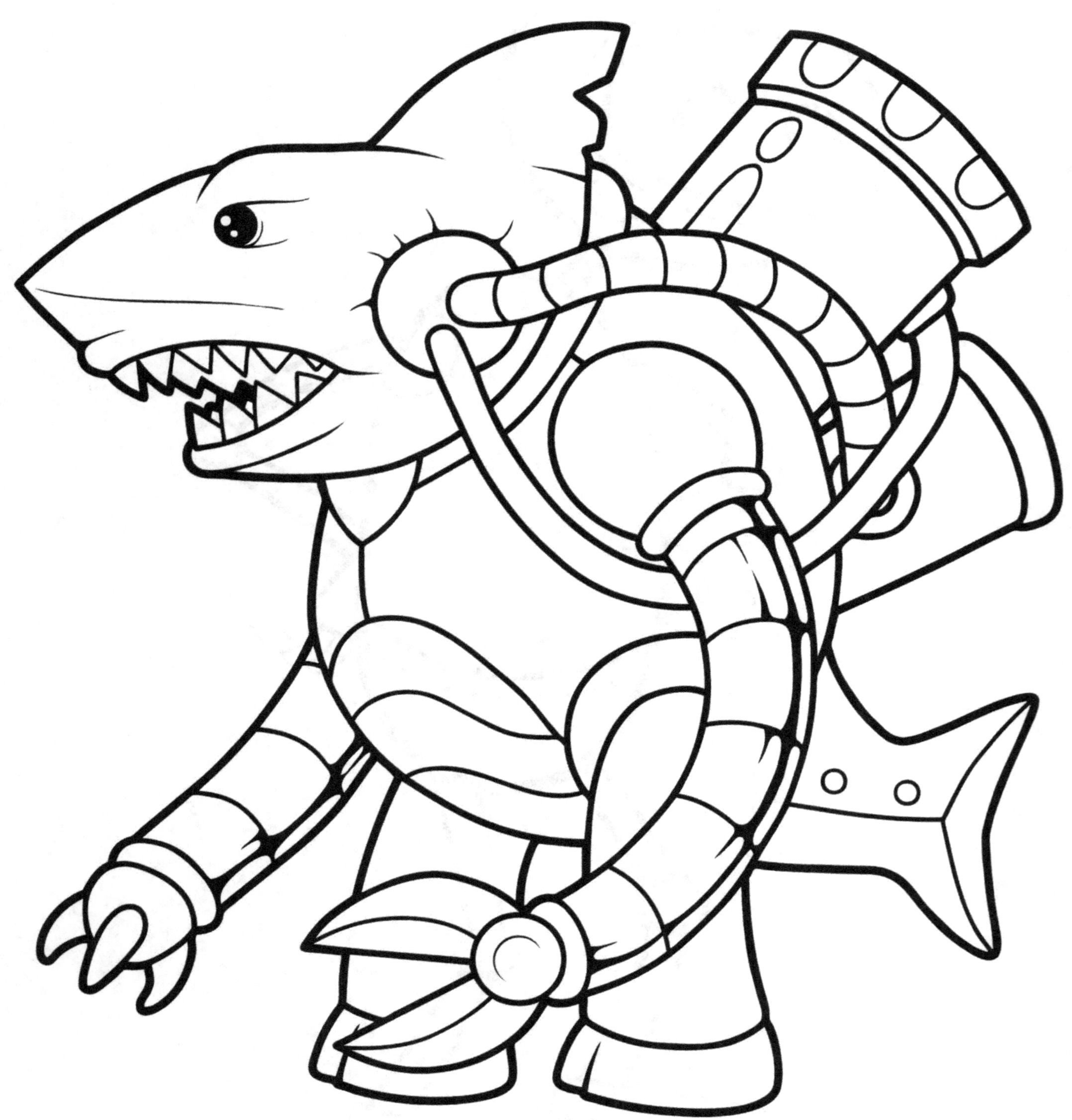

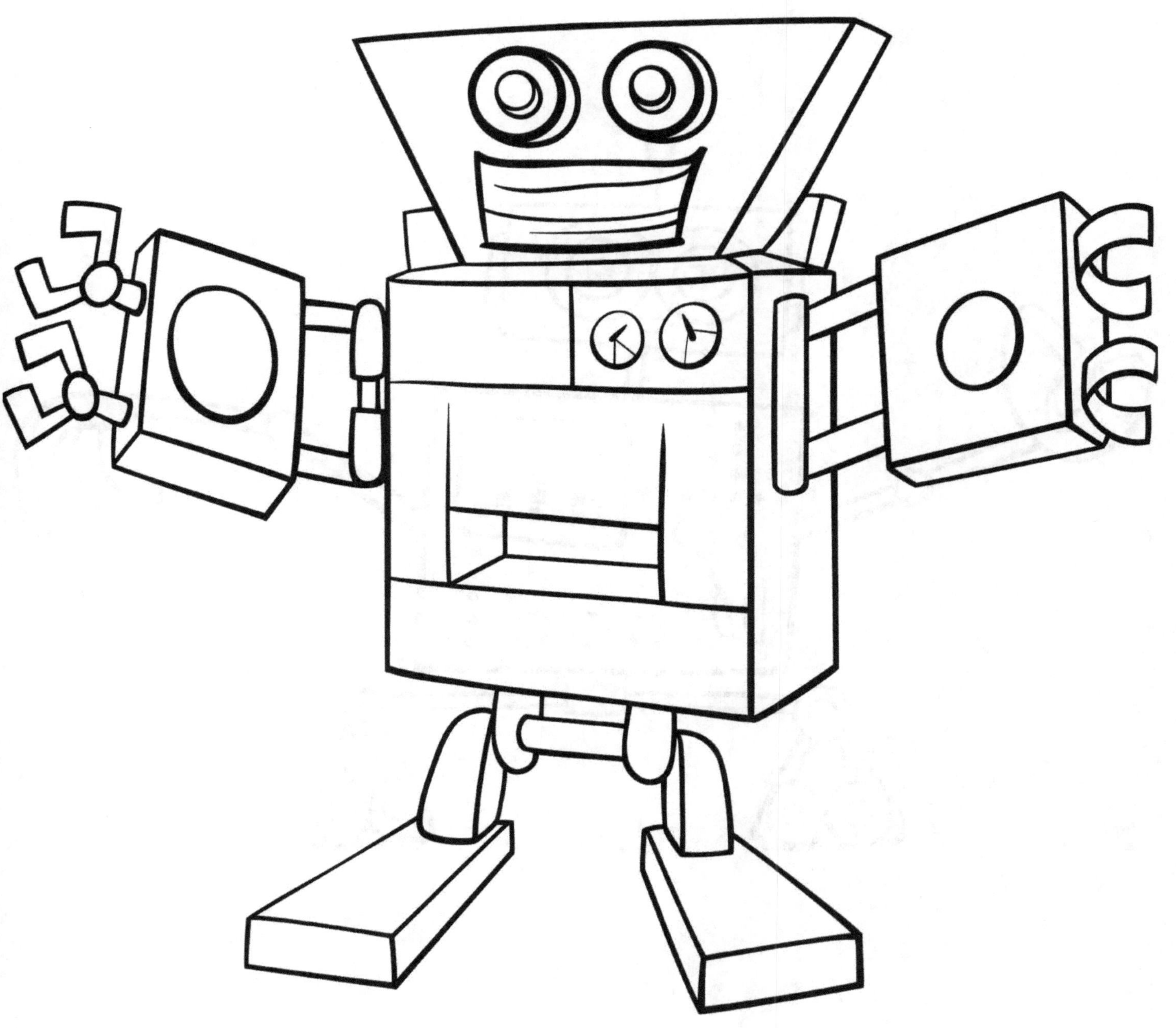

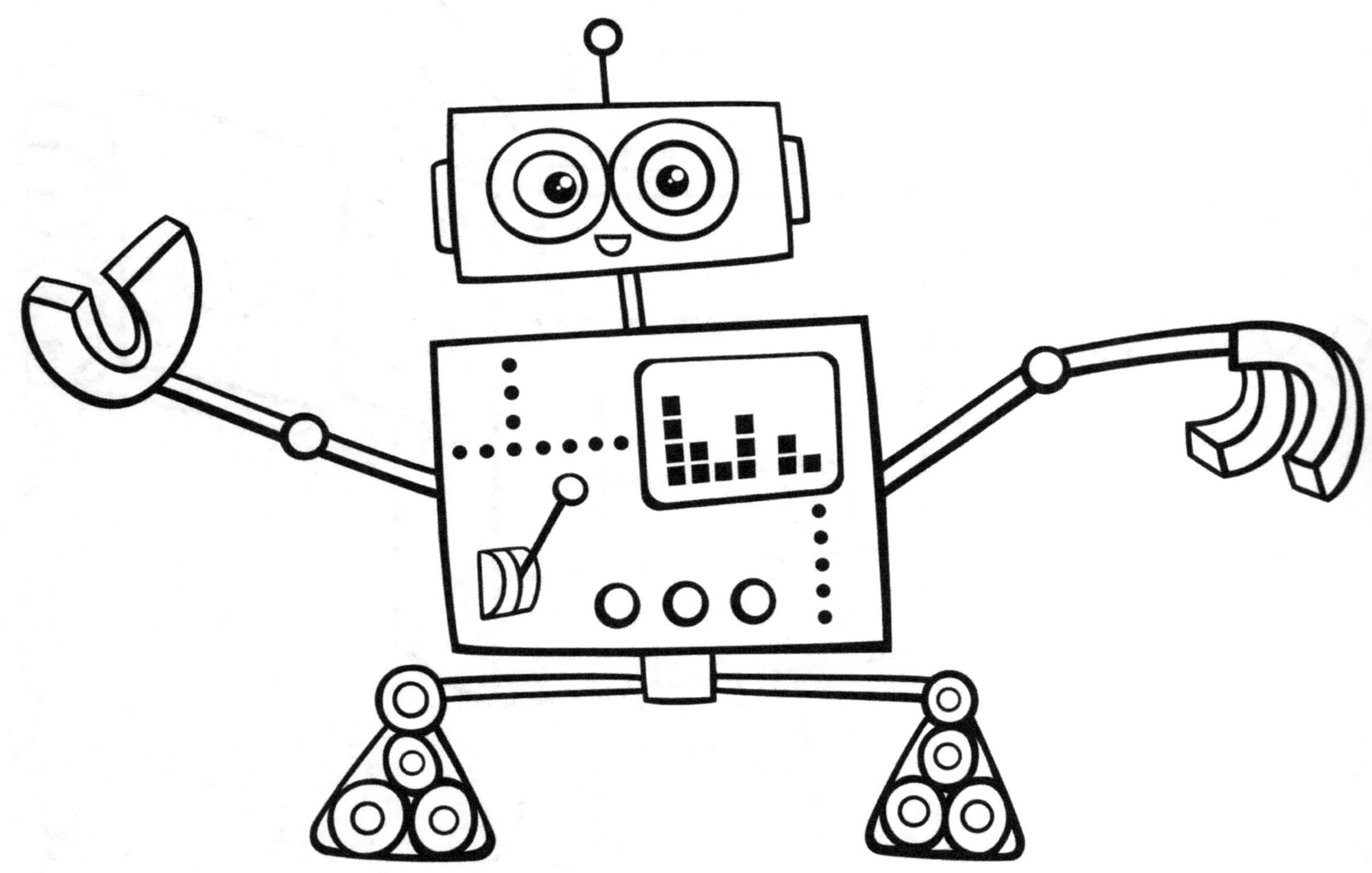